J. Dittmann / S. Isbrecht / J. Riesop / D. Scholz

SKATEBOARD
GUIDE

Einbandgestaltung: Patricia Braun, www.patriciabraun.de

Titelbild: Skater: Jost Arens, Trick: BS Nosebluntslide, Fotograf: Daniel Wagner

Bildnachweis:
Alle Bilder und Illustrationen in diesem Buch stammen – wenn nicht anders vermerkt – von Dennis Scholz (www.dennisscholzphoto.com). Eine Haftung der Autoren oder des Verlages und seiner Beauftragten für Personen-, Sach- und Vermögensschäden ist ausgeschlossen.

ISBN 978-3-613-50828-6

Copyright © by Verlag pietsch, Postfach 103743, 70032 Stuttgart

Ein Unternehmen der Paul Pietsch Verlage GmbH & Co. KG

Spezialausgabe: 1. Auflage 2021

Sie finden uns im Internet unter www.pietsch-verlag.de

Nachdruck, auch einzelner Teile, ist verboten. Das Urheberrecht und sämtliche weiteren Rechte sind dem Verlag vorbehalten. Übersetzung, Speicherung, Vervielfältigung und Verbreitung einschließlich Übernahme auf elektronische Datenträger wie DVD, CD-ROM usw. sowie Einspeicherung in elektronische Medien wie Internet usw. ist ohne vorherige schriftliche Genehmigung des Verlages unzulässig und strafbar.

Lektorat: Susanne Fischer
Innengestaltung: Markus Köllmann, tebitron gmbH, Gerlingen
Druck und Bindung: Customized Business Services GmbH
im Auftrag der KNV Zeitfracht GmbH, Ferdinand-Jühlke-Straße 7, 99095 Erfurt

INHALT

VORWORT	7

SETUP
Decks	11
Griptape	13
Cruiser-Boards	16
Achsen	19
Rollen	22
Kugellager	23
Schuhe	26
Protection	30
Montage	32

TRICK TIPPS
Basics	36
Ollie	40
Nollie	42
BS (Pop) Shove-it	44
FS (Pop) Shove-It	46
FS 180°	48
BS 180°	50
Kickflip	52
Heelflip	54
360 Flip	56

GRINDS & SLIDES
FS 50-50	60
FS 5-0	62
FS Nosegrind	64
BS Noseslide	66
FS Tailslide	68
BS Boardslide	70
FS Smith	72

TRANSITION
Drop In	76
Rock to Fakie	78
Axle Stall	80

MANUALS
Ollie to Manual	84
Ollie to Nose Manual	86

WALLIES & NO COMPLIES
BS Wallie	90
FS No Comply	92

GUIDE TO SKATE THE STREETS
Skateboarder in ihrer natürlichen Umgebung	96
Obstacle ABC	100
Locals & ungeschriebene Regeln am Spot	118

MEDIA
Skateboarding filmen	124
Skateboarding fotografieren	129

MIXED
Körper vs. Skateboarding	134
Skaten im Winter	138

SKATEBOARDING & TRAVELLING
Deutschland	143
Europa	143
Kalifornien & die USA	145
Asien	146

CONTESTS
Contest-Disziplinen	150
Der Ablauf	150

SHOPS	154
GLOSSAR	156

VORWORT

Skateboarding ... Nichts Anderes auf der Welt bringt Kreativität, Sport und Kultur so nah zusammen wie dieses Brett auf vier Rollen.

Skateboarding ist zwar grundlegend einfach eine Fortbewegungsart, jedoch merkt man schnell, dass es dabei um mehr geht: Freiheit, Freundschaft, Spaß und nicht zuletzt Tricks.

Zugegeben: Skaten ist nicht einfach, es erfordert viel Geduld, Durchhaltevermögen und ein dickes Fell. Aller Anfang ist schwer, besonders beim Skaten. Stürze gehören zur Tagesordnung, und die ersten Male auf dem Board fühlen sich immer wackelig und komisch an. Wichtig ist, dranzubleiben und im Hinterkopf zu behalten, dass jeder klein angefangen hat – selbst die Fortgeschrittenen und Profis, von denen du in diesem Buch lernst.

Es gibt diesen einen Punkt, den man überwindet, ab dem Skateboarding den größten Spaß bringt, den man sich nur vorstellen kann. Ab diesem Punkt vergisst man alles um sich herum, sobald man auf dem Board steht, fühlt Freiheit und kann nur noch grinsen. Skateboarding ist ein unheimlich guter Lehrer. Wer für lange Zeit dabeibleibt, lernt sehr wahrscheinlich viel über das Leben, über die Welt mit all ihren Kulturen und Sprachen und vor Allem über sich selbst.

Doch all das braucht einige Zeit, deswegen fangen wir ganz am Anfang an, um dir den Start in die Welt des Skatens möglichst einfach zu gestalten. Der Skateboard-Guide soll dir technische Hintergrundinformationen für jegliche Komponenten des Boards geben, die wichtigsten Tricks Schritt für Schritt erklären und dir das Street-Skateboarding näherbringen. Das Wichtigste bleibt, dass der Spaß im Vordergrund steht, auch wenn Tricks mal nicht so klappen, wie du es willst.

Viel Spaß mit dem Skateboard-Guide, viel Spaß beim Lesen und Bilder Anschauen und vor Allem: Viel Spaß beim Skaten!

SETUP

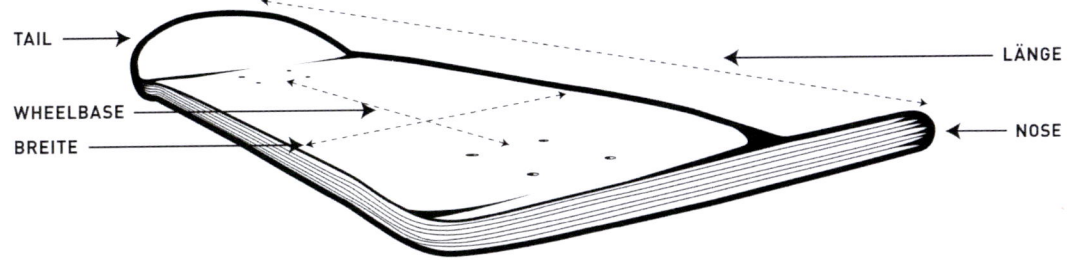

1 Das Skateboard-Deck

DECKS

Welches **Deck** ist eigentlich das Richtige für mich? Breit oder schmal? Low- oder High-**Concave**? Old oder New School? Vielleicht sogar ein **Shaped Deck**? Antworten auf all diese Fragen bekommst du im ersten Teil unser **Setup**-Section.

BAUWEISE UND DESIGN

Das Deck (Abb 1.), wie wir es heute kennen, besteht in der Regel aus sieben Lagen, meist kanadischem, querverleimtem und gepresstem Ahornholz. Die vielen Lagen machen das Deck sowohl stabil als auch flexibel. Skateboard-Decks sind in drei Bereiche unterteilt: Den vorderen gebogenen Teil bezeichnen wir als **Nose**, den hinteren als **Tail**. Der Unterschied zwischen Nose und Tail ist meist nur sehr gering. Man erkennt die Nose daran, dass sie ein Stück länger ist als das Tail. Das Mittelstück, unter welches die Achsen geschraubt werden, ist die **Wheelbase**.

Auf der untersten Schicht Holz gibt es mal mehr und mal weniger Kreativität zu entdecken. Denn die Deckgrafik gibt nicht nur Auskunft über Hersteller und Serie, sondern zaubert uns oft genug mit der Darstellung witziger Situationen, kritischer Themen oder auch mit kleinen Kunstwerken ein Lächeln ins Gesicht.

GRÖSSE UND CONCAVE

Handelsübliche *Decks* werden grundsätzlich in der Maßeinheit Inch statt in Zentimetern angegeben (1 Inch = 2,54 cm). Sie sind zwischen 28" und 33" lang und meist zwischen 7" und 10" breit.

2 Concave

In jedem Fall gilt: Size matters! Heutzutage sind es 8"-Decks, die am häufigsten die Theke im Skateshop überqueren. Schmale Bretter flippen sich zwar schneller, benötigen aber auch schmalere Achsen, was im Gegensatz zu breiteren Brettern mit breiteren Achsen Minuspunkte bei der Stabilität bringen kann. Achte beim Kauf einfach darauf, dass deine Füße und du dich auf dem Deck wohlfühlen.

Das *Concave* (Abb. 2), das den Grad der Wölbung des Brettes beschreibt, gibt es in verschiedenen Ausführungen. High-Concave bedeutet, dass die Wheelbase in einem höheren Winkel ansteigt, was dir erlaubt, dein Deck besser zu flippen. Bei dem am häufigsten gefahrenen Medium-Concave ist die Wölbung eher mäßig und bei einem Low-Concave sehr flach gehalten, was zu mehr Stabilität, aber weniger Wendigkeit führt. Auch hier raten wir: Urteile nach deinem Gefühl, wenn du auf dem Deck stehst.

VERSCHLEISS

Da es sich bei deinem Deck um gepresstes Holz handelt, hat dieses natürlich auch eine Verschleißgrenze. Im Profibereich ist ein gebrochenes Deck durch die starke Belastung und eine versehentliche falsche Fußstellung bei der Landung schon mal an der Tagesordnung. In der Regel hält ein Deck jedoch mehrere Wochen und Monate. Außerdem solltet Ihr Euer Deck vor Wasser und Regen schützen, da es sich ja schließlich um ein Holzprodukt handelt.

OLD SCHOOL UND SHAPED DECKS (ABB. 3)

Nostalgiker, aber auch generell immer mehr Skateboarder greifen auch 40 Jahre später noch gerne auf ein Old School Shape zurück. Wer sich zwischen Old und New School nicht entscheiden will, ist mit einem Shaped Deck gut beraten. Diese Art von Decks haben meist ein *Concave* wie die modernen Classic Shaped Boards und besitzen eine spitzere *Nose* und runderen *Tail* als ein Old School Board. Einfach mal ausprobieren.

3 Shapes

GRIPTAPE

Was auf den ersten Blick wie Schmirgelpapier erscheint, darf in deinem Skateboard-**Setup** unter keinen Umständen fehlen. So kann dir neues Griptape die beste Session deines Lebens bereiten und abgenutztes dich in den tiefsten Frust sinken lassen. Warum das so ist, erfährst du hier.

BESCHAFFENHEIT

Für gewöhnlich ist ein Griptape-Sheet 9" breit und 33" lang (22,8 x 83,8 cm). Also passen diese zugeschnittenen Bögen auf nahezu jedes gängige Skateboard-*Deck*. Das Griptape besitzt eine Unter- und eine Oberseite. Die untere Seite ist selbstklebend und wird direkt auf die oberste Holzschicht des Decks geklebt. Die obere Schicht ist durchweg rau und sorgt durch ihre Siliziumkarbid-Oberfläche für optimalen Grip deiner Gummi-Schuhsohle am Brett. Wie du das Sheet vorzeigbar auf dein Brett bekommst, erfährst du im Kapitel »Montage« (S. 29).

Das Griptape hat für alle Tricks – vom Ollie bis zum 360 Flip – eine fundamentale Bedeutung, denn ohne den Widerstand zwischen Schuh und Brett herzustellen, bekommst du das Brett nun mal nicht in die Luft. Die Schuhe und das Griptape geben durch die Reibung der verschiedenen Materialien früher oder später nach, womit wir beim Thema Verschleiß angelangt wären.

VERSCHLEISS

Je länger man ein Griptape fährt, desto glatter wird die körnige Oberfläche. Das sorgt für einen geringeren Widerstand zwischen Schuh und Brett und lässt somit deine Tricks weniger präzise werden. Wer vor der Session noch im Garten hilft, bevor er sich mit denselben Schuhen auf sein Skateboard stellt, wird nicht lange was von seinem Griptape haben. Kontrollier deine Sohle vor jeder Session – zwei Blicke, die dir den verzweifelten Kampf gegen Verschmutzung ersparen.

Cruiser-Boards sind eine etwas abgewandelte Form des regulären Skateboards. Zwar gibt es unterschiedliche Formen und Erscheinungsweisen von Cruisern, alle haben jedoch die Funktion, damit schnell und einfach von A nach B zu gelangen, was durch weiche, große Rollen (Cruiserwheels, Abb.1) ermöglicht wird.

1 Cruiserwheels

die mit einem Cruiser Tricks machen und grundsätzlich damit umgehen, als sei es ein normales Skateboard (Abb. 2 und 3). Das kann funktionieren, ist aber eher nicht zu empfehlen, da die großen, weichen Rollen schon stark einschränkend wirken und vor Allem dazu geeignet sind, Straßen runterzuheizen. Letztendlich muss das aber jeder für sich selbst entscheiden, denn Skateboarding wird ja glücklicherweise nicht von Regeln eingeschränkt – du solltest einfach mit dem Board skaten, das du für richtig hältst.

2 Cruiser Kickflip

Cruiser sind also eher nicht dafür geeignet, Tricks zu üben, sondern für komfortables, schnelles Vorankommen mit reichlich Spaß konzipiert. Durch die weichen Rollen ist der Widerstand des Untergrundes spürbar geringer, man muss also weniger pushen, ist schneller unterwegs, und das Fahrgefühl ist deutlich entspannter als beim normalen Skateboard. Ein Cruiser ist also perfekt, um morgens flink zum Bäcker zu düsen, schnell zur nächsten Bus- oder Bahn-Station zu kommen oder sogar eine gute Alternative zum Fahrrad, falls das mal wieder einen Platten hat oder du schlichtweg mehr Lust auf Skaten hast. Es gibt sogar Leute,

3 Wallride

Generell gibt es zwei unterschiedliche Bauweisen eines Cruisers: zum Einen den kleinen Penny-Cruiser aus Plastik und zum Anderen Holz-Cruiser, welche dem regulären Skateboard bis auf die Rollen sehr ähnlich sind. Penny-Boards dagegen sind wesentlich kleiner, so dass auch Deck und Achsen viel schmaler sind als beim Skateboard. Die geringere Größe mag Vorteile für den Transport haben, jedoch leidet das Fahrgefühl stark darunter; auch ein spontaner Ollie den Bordstein hinauf gestaltet sich mit dem kleinen Penny-Board sehr schwierig. Anders hingegen beim Cruiser mit Holz-Deck: Die Form ist einem normalen Skateboard sehr ähnlich, es ist also wesentlich größer als ein Penny-Board, was ein besseres Boardgefühl ermöglicht und in der Regel mehr Fahrspaß bedeutet (Abb. 4).

Cruiser mit Holz-Deck kannst du dir entweder als Komplettboard kaufen oder aus alten Teilen und Cruiser-Wheels selbst zusammenbauen. Fertige Cruiser haben den Vorteil, dass die Teile perfekt aufeinander abgestimmt sind und das Board ready to go ist. Sich selbst einen eigenen Cruiser zusammenzubauen kann andererseits auch eine Menge Freude bereiten, da jedes Teil nach deinen eigenen Vorlieben gewählt werden kann. Dabei wird allerdings immer wieder etwas Umbau und Feinjustierung von Nöten sein, denn perfekt wird der DIY-Cruiser meistens nicht auf den ersten Versuch.

Daher ist diese Variante eher den Fortgeschrittenen unter Euch zu empfehlen, die schon das eine oder andere Board zusammengebastelt haben. Wer es selbst machen möchte, benötigt:

- *ein Deck seiner Wahl (dein altes, gefahrenes reicht völlig)*
- *Achsen (umso breiter, umso besser!)*
- *Kugellager*
- *weiche Wheels: Longboardwheels sind bestens geeignet.*

Da die Wheels bei Cruisern größer und dicker sind als normale Rollen, empfiehlt es sich, die Achsen durch Shock-Pads etwas zu erhöhen, außerdem ist es empfehlenswert, sich mit einem passenden Bohrmaschinen-Aufsatz Ausbuchtungen für die Wheels ins Board zu schleifen (Abb. 5), damit keine *Wheelbites* (siehe auch Abschnitt »Achsen«) entstehen.

4 *Holz-Cruiser*

5 *Ausbuchtung*

ACHSEN

Achsen sind das mit Abstand komplexeste Bauteil des Skateboards. Zwar hat sich vom Prinzip her an der Lenktechnik in den letzten Jahren nicht sonderlich viel geändert, durch die vielen Anbieter haben sich jedoch hier und da neue Materialien etabliert. Nachfolgend erläutern wir dir die Einzelteile deiner **Trucks**, damit du verstehst, warum das Skateboard durch die Gewichtsverlagerung überhaupt die Richtung ändert.

BASEPLATE

Die **Baseplate** (Abb. 1 A) ist die Basis einer Achse. Sie ist mit dem Deck durch vier Schrauben verbunden. In ihr verankert sind **Kingpin** (Abb. 1 C) und die **Pivot-Kappe** (Abb. 1 H). Die vier Löcher dienen zur Befestigung am Deck. Sie sind genormt, und alle namhaften *Trucks* passen unter aktuelle Bretter.

KINGPIN

Die **Kingpin-Schraube** (Abb. 1 C) sitzt fest in der *Baseplate* und stellt das Verbindungsstück zwischen ihr und dem *Hanger* dar. Sie wird am oberen Ende mit einer **Kingpin-Mutter** (Abb. 1 I) verschraubt. Den Kingpin bekommst du mittlerweile als ausgehöhlte Schraube (*Hollow*), die dir einen Gewichtsvorteil bringt.

HANGER

Als **Hanger** (Abb. 1 B) bezeichnet man den anderen Hauptteil der Achse. Der Hanger liegt beweglich mit dem unteren Teil (Pivot) in der *Pivot-Kappe* und wird auf der anderen Seite von *Bushings* umhüllt. Damit wird dir das Lenken ermöglicht.

LENKGUMMIS

Die **Lenkgummis** (Abb. 1 D) oder auch *Bushings* liegen mit dem *Hanger* um den zuvor erklärten *Kingpin*. Auf ihnen liegt das Gewicht des Fahrers, weshalb die richtige Abstimmung des passenden Härtegrades und das angemessene Festziehen der **Kingpin-Mutter** (Abb. 1 I) von hoher Bedeutung sind. Meist nehmen schwerere Leute härtere, leichtere Personen dagegen weniger harte Bushings. Diese werden in Härtegraden von 80A (extrem weich) bis 100A (extrem hart) angeboten.

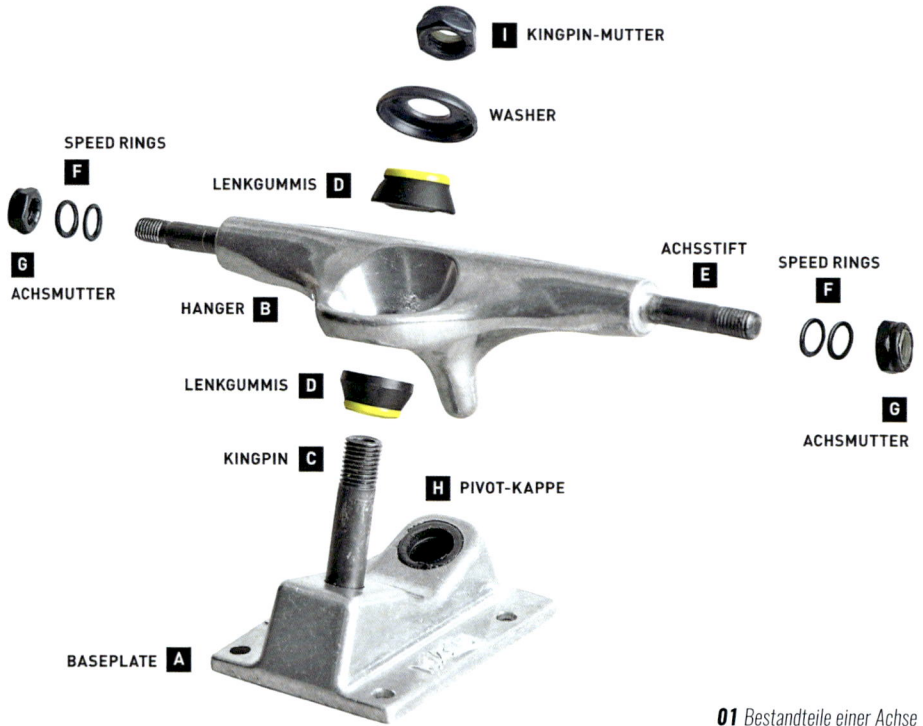

01 Bestandteile einer Achse

ACHSSTIFT

Der **Achsstift** (Abb. 1 E) ist horizontal in den *Hanger* eingegossen. An den sichtbaren Enden des Achsstifts werden die Rollen inklusive *Kugellager* angebracht. An den äußeren Enden befinden sich Gewinde, die mit den Achsmuttern verschraubt werden. Wenn das Gewinde mal an der Verschleißgrenze sein sollte, kann man sich durch *Skate-Tools* mit Gewindeschneider weiterhelfen.

Der Achsstift wird inzwischen auch in der ausgehöhlten Light-Variante (*Hollow*) verbaut.

SPEED RINGS

Bei **Speed Rings** (Abb. 1 F) handelt es sich um kleine Unterlegscheiben, die die genaue Größe des *Kugellagerkerns* besitzen und zwischen Kugellager und *Hanger* sowie zwischen Kugellager und Achsmutter gelegt werden. Die Reibung an der Achsmutter und dem Hanger wird dadurch verhindert.

ACHSMUTTERN

Achsmuttern (Abb. 1 G) werden an beiden Enden auf den *Achsstift* geschraubt und sorgen dafür, dass die Rolle in Position bleibt.

GRÖSSEN (ABB. 2)

Alle Achsenhersteller führen ihre Achsen in unterschiedlichen Größentabellen. So ist für ein 8"-Deck sowohl eine Independent 139", eine Thunder 147" oder eine Titus 5.3" passend. Welche Achse also perfekt unter dein Deck passt, kannst du der Größentabelle entnehmen.

3 Achsen justieren

HERSTELLER	GRÖSSE	DECKBREITE
TITUS	5.0	7.375–7.875"
	5.3	7.875–8.375"
INDEPENDENT	129	7.5–7.875"
	139	7.875–8.25"
	149	8.25–8.5"
	159	8.5–9.25"
	169	9.25–9.75"
THUNDER	145	7.5–7.875"
	147	7.875–8.25"
	149	8.25–8.75"
VENTURE	5.0	7.5–7.875"
	5.2	7.875–8.25"
	5.8	8.25–8.75"
ACE	22	7.375–7.75"
	33	7.75–8.125"
	44	8.125–8.75"
	55	8.75–9.25"

WEITERE HERSTELLER AUF
TITUS.DE/SKATEBOARD-SHOP

2 Größentabelle

LOW ODER HIGH

Die meisten Achsen werden in zwei Ausführungen angeboten, nämlich als low (niedrig) und high (hoch). In manchen Fällen wird auch eine Medium-Variante (mid) angeboten. In der High-Variante wird sowohl der Abstand zwischen Rolle und Deck als auch der Abstand zum Boden vergrößert. Dadurch kannst du größere Rollen und engere Kurven fahren. Zudem kannst du deine Achsen weicher stellen, ohne einen Wheelbite zu kassieren.

Der Härtegrad der Lenkung und damit der Grad des Festziehens der Achse (Abb. 3) ist zusätzlich zur Gewichtsfrage auch etwas Geschmackssache. Manche Leute kommen mit superweichen Schlackerachsen gut zurecht, während andere eine steinharte Lenkung bevorzugen. Für den Anfang empfiehlt sich eine mittelharte Lenkung, eher etwas weicher, damit das Lenken besser funktioniert. Allerdings solltest du aufpassen, dass die Lenkung nicht zu weich ist, damit Du keinen »*Wheelbite*« (Abb. 4) kassierst. Das bedeutet, dass eine Rolle beim Lenken die Unterseite des Boards berührt und sich festfrisst, was zu einem plötzlichen Stoppen des Boards führt und meistens mit einem saftigen Sturz für den Skater endet.

4 wheelbite

ROLLEN

Rollen oder Wheels sind das Hardware-Essential, das erst dafür sorgt, dass wir uns von der laufenden Mehrheit abheben können. Wir widmen dieses Kapitel den Fragen: Was für Rollen sind die richtigen für mich? Weiche oder harte? Und welche Größe?

MATERIAL UND HÄRTEGRAD

Beim Rollenkauf ist unbedingt zu beachten, dass du wissen solltest, was du mit deinem Skateboard vorhast. Man unterscheidet **Classic Wheels** (Abb. 1), die vollständig aus Polyurethan bestehen, von **Core Wheels** (Abb. 2). Diese besitzen einen zusätzlichen Kunststoffkern im Inneren.

Der Härtegrad der Rollen wird auf einer Skala von 78A bis 101A (weich bis hart) und 80B bis 84B (z. B. 103A = 83B) angegeben und gibt dir somit Auskunft über das Terrain, auf dem sie am besten rollen. Sprich: Rauer Boden = weichere, glatter Boden = härtere Rollen. Da die Härte des Kunststoffs ab 101A nicht mehr exakt wiedergegeben werden kann, haben Hersteller wie z. B. Bones ihre eigene Skala. Bones-Wheels mit dem Zusatz *STF* (Street Tech Formula) eignen sich sehr gut fürs Streetskaten, da sie eine hohe *Flatspot*-Resistenz und gute *Slide*-Eigenschaften besitzen.

SPF dagegen steht für Skatepark-Formula. Diese etwas härteren Rollen übertragen die Geschwindigkeit auf glatten Flächen wie *Bowls* und Miniramps besser und sind deshalb auf Beton ratsam.

Extrem weiche Rollen haben sich bei Filmern etabliert, da dies die Rollgeräusche auf Videos minimiert.

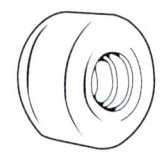 

01 *Classic Wheel, Vorder- und Seitenansicht*

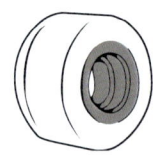 

02 *Core Wheel, Vorder- und Seitenansicht*

GRÖSSE (ABB. 3)

Skateboard-Wheels werden üblicherweise in Größen von 49 bis 72 mm Durchmesser angeboten. Grundsätzlich gilt hier: Größere Rollen sind für schnelleres Fahren geeignet. Kleinere eignen sich für Street und Park, da sie leichter und kompakter sind. Zudem erhältst du manche Rollen auch in einer schmaleren *Slim*-Ausführung, wodurch die Reibung beim Fahren und beim *Sliden* minimiert wird. Diese eignen sich hervorragend zum technischen Skaten. Dafür sind sie bei höheren Geschwindigkeiten nicht ganz so stabil wie breitere *Basic-Wheels* oder eine ganz breite Variante.

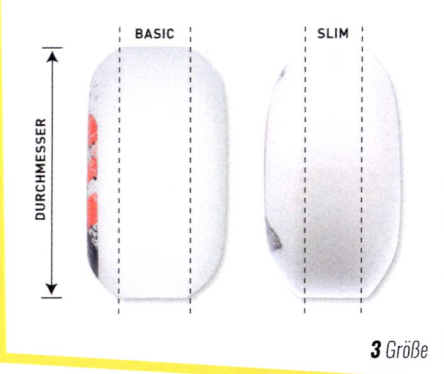

3 Größe

KUGELLAGER

Ein weiteres Instrument im Hardware-Ensemble sind Kugellager, auch **Bearings** genannt. Wie ihr Aufbau aussieht, welche Ausführungen gängig sind und was man beachten sollte, damit man möglichst lange was von ihnen hat, erfährst du hier.

AUFBAU

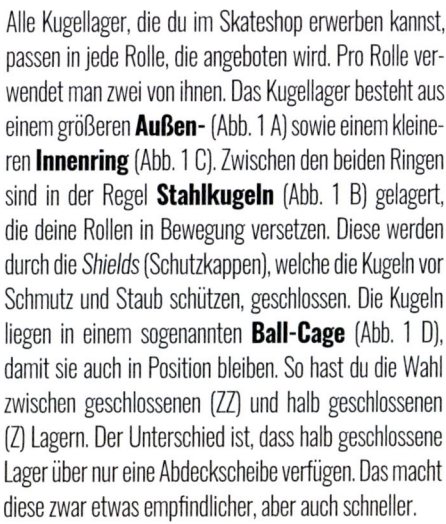

Alle Kugellager, die du im Skateshop erwerben kannst, passen in jede Rolle, die angeboten wird. Pro Rolle verwendet man zwei von ihnen. Das Kugellager besteht aus einem größeren **Außen-** (Abb. 1 A) sowie einem kleineren **Innenring** (Abb. 1 C). Zwischen den beiden Ringen sind in der Regel **Stahlkugeln** (Abb. 1 B) gelagert, die deine Rollen in Bewegung versetzen. Diese werden durch die *Shields* (Schutzkappen), welche die Kugeln vor Schmutz und Staub schützen, geschlossen. Die Kugeln liegen in einem sogenannten **Ball-Cage** (Abb. 1 D), damit sie auch in Position bleiben. So hast du die Wahl zwischen geschlossenen (ZZ) und halb geschlossenen (Z) Lagern. Der Unterschied ist, dass halb geschlossene Lager über nur eine Abdeckscheibe verfügen. Das macht diese zwar etwas empfindlicher, aber auch schneller.

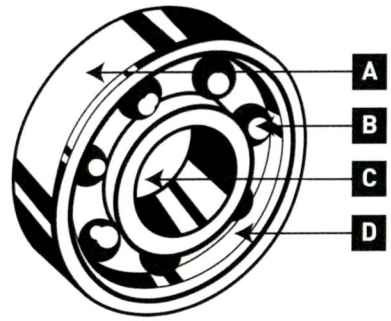

Oft liegen einem Satz Kugellager vier **Spacer** (Abb. 3) bei. Spacer werden bei der Montage zwischen beide Kugellager im Inneren der Rolle auf den *Achsstift* geschoben. Sie schützen deine Kugellager so vorm Eindrücken.

ABEC VS. SKATE TESTED

Ein Richtwert bei Kugellagern ist die ABEC-Skala (ABEC 1 – ABEC 9), die angibt, wie genau der Fertigungsgrad der lagerinneren Kugeln ist. Doch bei Skateboardern wird gerne auf die ABEC-Skala verzichtet: »Skate Tested *Bearings*« werden speziell für Skateboards hergestellt und halten somit beispielsweise dem Aufprall bei Landungen sowie dem seitlichen Druck beim Lenken besser stand. So findest du Ausführungen mit sechs statt sieben Stahlkugeln im Inneren sowie – als Nonplusultra – die Swiss Ceramics Bearings mit Keramik-Kugeln, die durch die extreme Härte eine lange Lebensdauer garantieren.

PFLEGE

Wenn du dir die Zeit nimmst und deine Lager hin und wieder reinigst, bestehen große Chancen, dass sie lange und zuverlässig laufen. Ölen kannst du sie beispielsweise mit der Bones Bearings **Speed Cream** (Abb. 2) oder ähnlichen Schmiermitteln auf Öl-Basis. Wenn dir das Lagersäubern und -ölen zu aufwendig ist, achte einfach darauf, wo du mit deinem Brett unterwegs bist. Staub können Kugellager genauso wenig leiden wie Regen (sie können nämlich auch rosten).

2 Speed Cream

3 Spacer

SCHUHE

*Die Schwierigkeit bei den meisten Skateschuhen ist es, Punkte wie **Dämpfung**, **Boardfeeling**, **Haltbarkeit** und vor allem **Aussehen** unter einen Hut zu bekommen: Welche Arten von Skateschuhen gibt es? Welches Material hält am längsten?*

DIE SOHLE

Zuerst einmal solltest du beim Schuhkauf darauf achten, dass du wirklich zu einem Skateschuh greifst. Denn diese bieten dir mit ihrer Gummisohle die optimale Grundlage in Sachen Grip. Diverse Dämpfungstechnologien sorgen für Komfort, Flexibilität steht für Boardfeeling, und verschiedene Materialien und Features liefern Haltbarkeit.

Sohlen sind in zwei unterschiedlichen Varianten zu bekommen (Abb. 1):

- **Cup-Sohle**: Die Cup-Sohle zeichnet sich dadurch aus, dass sie in einem Stück gefertigt wird und mit dem Schuh sowohl vernäht als auch verklebt ist. Der Vorteil dieser Art von Schuhen ist, dass sie mit langer Haltbarkeit, Stabilitätsvorteilen und guter Dämpfung auftrumpfen können. Leider hemmt diese Art von Schuh aber dein Boardfeeling.

- **Vulkanisierte Sohle**: Die vulkanisierte Sohle ist im Gegensatz zur *Cup*-Sohle nur mit dem Oberschuh verklebt und besteht aus mehreren Teilen. Gutes Boardfeeling ist hier ein Pluspunkt, wogegen du Abstriche in Sachen Stabilität machen musst.

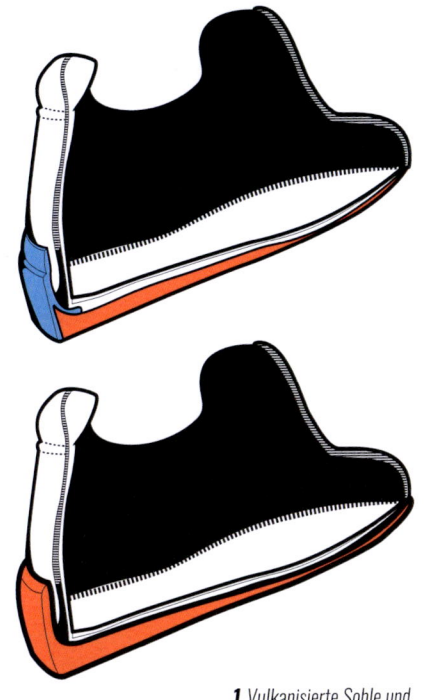

1 *Vulkanisierte Sohle und Cup-Sohle im Querschnitt*

Viele Schuh-Hersteller im Skateboarding bieten außerdem zahlreiche fortschrittliche Konstruktionen, besonders der Sohle, an, welche die Performance und das Boardgefühl des Skateschuhs verbessern sollen. Oftmals erlangt man durch diese speziellen Technologien der Sohlenkonstruktion eine bessere Dämpfung im Fersenbereich und/oder einen besonders dünnen Vorderfußbereich, um maximales Boardgefühl zu erreichen. Besondere Konstruktionen wie diese halten durchaus, was sie versprechen, und steigern zum Teil auch die Haltbarkeit des Schuhs, jedoch muss jeder für sich selbst entscheiden, inwiefern sich der meist deutliche Aufpreis verglichen mit regulären Skateschuhen lohnt.

Nicht umsonst schwören auch viele Pro-Skater auf die klassischen Vulcanized- oder Cup-Sohlen-Konstruktionen: Die erfüllen definitiv ihren Zweck und schonen nebenbei auch deinen Geldbeutel etwas. Schlussendlich ist die Wahl des richtigen Skateschuhs Geschmackssache, für die du dir Zeit lassen solltest. Probiere verschiedene Modelle an und hör auf dein Gefühl, welcher Schuh am besten sitzt und welches Laufgefühl angenehm ist.

DAS OBERMATERIAL

Die am häufigsten verbauten Materialien in Skateschuhen sind Wildleder (*Suede*) und Leinen (*Canvas*). Wildlederschuhe besitzen eine meist raue und stabile Lederschicht. Canvas-Schuhe bieten dir eine bessere Atmungsaktivität, sind Wildlederschuhen jedoch in puncto Haltbarkeit deutlich unterlegen.

NÄHTE UND PFLEGE

Nähte am Schuhwerk sind für Skateboarder in gewisser Art und Weise die Achillesferse. Durch den Abrieb, den das *Griptape* verursacht, sind die Fäden an der Nahtstelle in der Regel das, was sich als Erstes verabschiedet. Zwar gibt es Modelle, bei denen mehrere Male vernäht wird, trotzdem macht es Sinn, die Nähte im Vorfeld etwas zu bearbeiten. Dazu raten wir dir, zu Schuhkleber (Abb. 2) zu greifen: Einfach eine dünne Schicht auf die Nähte geben, trocknen lassen und fertig! Wer sich Ärger mit den Nähten sparen will, sollte auf eine nahtlose Zehenkappe setzen.

Trotz einer nahtlosen Zehenkappe ist der Schuh natürlich nicht vor Abnutzung geschützt. Besonders anfangs, wenn man beispielsweise gerade den Ollie übt, ist die Abnutzung sehr einseitig und punktuell, was dazu führt, dass der Schuh schneller ein Loch hat, als du es dir vorstellen kannst. Auch hier hilft ein Schuhkleber weiter:

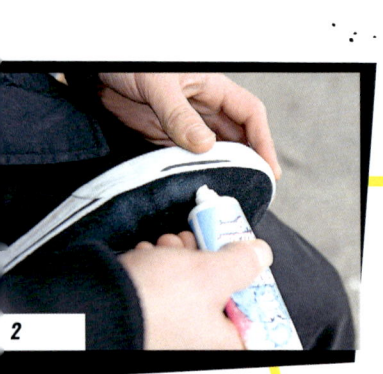  

Sobald Abnutzung am Schuh zu sehen ist, empfiehlt es sich, eine kleine Menge des Klebers punktuell und dünn aufzutragen, um die Stelle zu schützen (Abb. 3).

Aber Vorsicht, der Kleber ist kräftig und relativ giftig, zieh dir also am besten Gummihandschuhe an, um direkten Kontakt mit der Haut zu vermeiden. Dabei gilt es, sparsam mit dem Kleber zu sein und nicht die gesamte Seite des Schuhs einzuschmieren, denn das sieht zum einen sehr komisch aus und wirkt sich andererseits negativ auf das Skate-Verhalten des Schuhs aus. Eine weitere nervenaufreibende Schwachstelle der meisten Schuhe sind die Schnürsenkel: Durch wiederholten Kontakt mit dem Griptape, welcher bei ziemlich jedem Trick stattfindet, reißen diese oft. Dies lässt sich verhindern bzw. zumindest verzögern, indem man eine geringe Menge Sekundenkleber auf die Außenseite der Schnürsenkel gibt (Abb. 4).

LOW, MID ODER HIGH?

Die meisten Skateboarder schwören auf **Low-Cut-Schuhe** (Abb. 5 C). Grund dafür ist, dass der Knöchel frei liegt und in der Lage ist, jegliche Flip-Bewegungen auszuführen. **Mid- bzw. Medium-Ausführungen** (Abb. 5 B), die maximal bis auf den Knöchel reichen, bieten dir einen Kompromiss zwischen Protektion und Bewegungsfreiheit. **High-Cut-Schuhe** (Abb. 5 A) haben den Vorteil, dass sie deinen Knöchel nicht nur vor Angriffen deines Skateboards schützen, sondern ihn zusätzlich noch ein Stück weit stabilisieren. Ihr Nachteil ist die eingeschränkte Bewegungsfreiheit.

5 Schuh-Cuts

PROTECTION

Wer anfangs Schoner trägt, minimiert das Verletzungsrisiko enorm. Zudem kannst du deine Tricks mit wesentlich mehr Mut angehen. Warum Schoner nicht nur was für Skateboard-Einsteiger sind und in welchen Situationen sie unumgänglich sind, erfährst du hier.

HELM

Wer schon mal bei einem Halfpipe-Contest zugesehen hat, wird festgestellt haben, dass bei den Profis in der Vertikalen nichts ohne **Helm** (Abb. 1) geht. Wenn du also unbedingt in die Vertikale willst, solltest du ernsthaft über Kopf-Protektion nachdenken.

Auch für Anfänger im Allgemeinen ist es ratsam einen Helm zu tragen, da man fürs Stürzen, genauso wie für Tricks, erstmal ein Gefühl entwickeln muss.

Beim Helmkauf solltest du unbedingt darauf achten, dass der Helm weder drückt noch zu viel Spiel hat. Zudem muss er beim Tragen stets gut verschlossen sein, und deine Straps solltest du auf die richtige Länge eingestellt haben. So kann dir dein Helm im Falle des Sturzes nicht vom Kopf fliegen.

1

SCHONER

Schoner (Abb. 2), die du einfach über deine Kleidung ziehen kannst, bestehen aus Polyethylen und einer Bandage aus Neopren oder Textil. Wie schon beim Thema Helm, raten wir dir auch hier, sobald du Transition fahren willst, das volle Paket zu tragen. Der Klassiker, beim Drop In auf den Rücken zu fallen, ist ohne Ellbogen- und Handgelenkschoner nämlich eine ziemlich schmerzhafte Angelegenheit.

2

MONTAGE

Wer einmal sein **Setup** selbst montiert hat, wird es fortan gar nicht mehr erwarten können, sein **Deck** zu grippen oder neue **Kugellager** einzusetzen. Nicht umsonst gibt es viele Profis, die den Montagevorgang quasi als Pre-Warm-Up, als Ritual vor dem Skatengehen, sehen. Wie begrippe ich mein Board? Wie bekomme ich meine Achsen an das Deck? Wie die Kugellager in die Rolle?

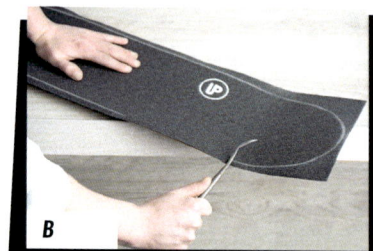

(A) Fangen wir dort an, wo man am meisten falsch machen kann. Beim *Griptape*. Dieses vorzeigbar am Deck anzubringen, ist keine angeborene Gabe, sondern reine Übungssache. Steck also nicht den Kopf in den Sand, wenn dein Griptape nachher ein paar Ecken und Kanten aufweist. Lege zuerst dein Brett grade vor dich hin. Zieh nun die ersten 20 cm des Papiers von der Klebefläche des Griptapes ab und beginne, sie mit ca. einem Zentimeter Überschuss auf das Deck zu kleben. Zwar sind viele Griptapes mit winzigen Löchern gespickt, so dass keine Blasen mehr entstehen können, trotzdem solltest du penibel darauf achten, keine Luft zwischen Grip und Deck zu lassen! Klebe nun Stück für Stück weiter auf, bis das Brett komplett überklebt ist. Sieht ziemlich unfertig aus, oder? Richtig! Also weiter mit Schritt zwei.

(B) Im nächsten Step kümmern wir uns darum, dass das Griptape am Ende die exakt gleiche Form wie dein Deck hat. Dafür nimmst du entweder einen

1 Skate-Tool

Schraubendreher, deinen Skatekey, einen Schlüssel oder jeden anderen metallischen Gegenstand, welcher gut zu greifen ist. Nun fährst du mit diesem auf dem Griptape an den Kanten deines Decks entlang. Wichtig ist, dass du einen gewissen Druck dabei ausübst. Durch diesen Vorgang entsteht eine Markierung, an der die Körnung des Grips entfernt wird, um später genau ausschneiden zu können.

(C) Jetzt legst du das Deck am besten nahe einer Tischkante und beginnst mit dem Schneiden. Du setzt das Messer von unten an und schneidest ein, bis du an der entkörnten Markierung angekommen bist. Dann ziehst du das Messer leicht angewinkelt zu dir und schneidest an der Markierung entlang, bis alle Überreste abgeschnitten sind.

(D) Stanze nun an den vorgebohrten Stellen mit den Schrauben oder einem spitzen Gegenstand acht Löcher durch das Griptape. Stecke im Anschluss die Schrauben von oben durch das Brett.

(E) Acht Schrauben, acht Löcher. Schiebe erst vier Schrauben durch das Deck und halte von der anderen Seite deine Achse dagegen.

(F) Jetzt schraubst du die Muttern auf die Gewinde und ziehst diese mit deinem **Skate-Tool** (Abb. 1) fest. Wenn beide Achsen montiert sind, entferne schon mal die vier Achsmuttern und lege die Speedrings beiseite.

(G) (H) Da die *Bearings* fest in der Rolle sitzen müssen, benötigen diese etwas Druck beim Einsetzen. Am meisten Druck erzeugst du, wenn du das *Kugellager* über den *Achsstift* in die Achse legst und die Rolle fest auf das Kugellager drückst. Das gleiche machst du auf der anderen Seite der Rolle.

(I) Im letzten Schritt legst du erst einen Speedring auf die Achse, danach die Rolle, gefolgt vom zweiten Speedring. Beim Verschrauben der Achse durch die Mutter ist zu beachten, dass diese nicht zu fest gezogen wird, sondern noch etwas Spiel für die Kugellager lässt.

MONTAGE

1 stance regular fakie ↔ normal

2 stance goofy normal ↔ fakie

BASICS

*Um dich auf deinem Skateboard auch ordentlich fortbewegen zu können, solltest du dich zunächst mit den Grundlagen (Basics) auseinandersetzen. Um Klarheit zu schaffen, erklären wir dir hier einige wichtige Begriffe wie **goofy**, **regular**, **switch** und **fakie**, aber auch das Pushen und Bremsen.*

STANCE

Da du dich auf dem Skateboard, anders als beim Laufen oder Gehen, seitlich fortbewegst, musst du dich entscheiden, mit welchem Fuß du vorne und mit welchem du hinten stehst. Diese Entscheidung solltest du dir, sobald du auf dem Board stehst, von deinem Bauchgefühl abnehmen lassen. Oder hast du dich damals bewusst dazu entschieden, Rechts- oder Linkshänder zu werden?

Die Fußstellung, bei der du mit dem linken Fuß vorne stehst, wird **regular** (Abb. 1) genannt. Wenn du mit dem rechten Fuß vorne stehst, sprechen wir von **goofy** (Abb. 2). Als fakie bezeichnen wir es, wenn du einen Trick, z. B. einen Ollie, mit »normaler« Fußstellung machst, dabei jedoch in die entgegengesetzte Richtung rollst. Als switch bezeichnet man, wenn z. B. ein Goofy-Fahrer seine Tricks in Regular ausübt.

FRONTSIDE (FS) + BACKSIDE (BS)

Neben der Stance spricht man bei Tricks von Frontside (FS) und Backside (BS). Bei Flattricks spricht man von Backside, wenn man sich mit seinem Rücken voraus in einen Trick dreht. Von Frontside spricht man dementsprechend, wenn man sich mit der Brust voraus in den Trick dreht. Das kann man ebenfalls auf Shove-Its spiegeln. Bei Curb-, Rail- und Liptricks hängt es immer davon ab, ob das Obstacle vor deiner Brust (Frontside) oder hinter deinem Rücken (Backside) steht.

PUSHEN

Als Pushen bezeichnen wir es, wenn du dich vom Boden wegdrückst, um dich auf dem Board in Bewegung zu setzen. Als **Regular-Fahrer** (Abb. 3) stößt du dich mit dem rechten, als **Goofy-Fahrer** (Abb. 4) mit dem linken Fuß vom Boden ab.

Auch wenn es ethisch nicht ganz korrekt ist, spricht man von einem **Mongo-Push** (Abb. 5), wenn der *Goofy*-Fahrer mit seinem vorderen, rechten und der Regular-Fahrer mit dem vorderen, linken Fuß pusht. Diese Art ist bei Anfängern häufig sehr beliebt, jedoch bei erfahreneren Skatern aus ästhetischen Gründen relativ verrufen. So achten die meisten Skater darauf, sich das Mongo-Pushen gar nicht erst anzugewöhnen.

3 pushen   regular   fakie ↔ normal

4 pushen   goofy   normal ↔ fakie

5 pushen   goofy   mongo push

DON'T DO IT!

TRICK TIPPS • BASICS

BREMSEN

Je schneller du mit dem Skateboard fährst, desto hilfreicher ist es, das Bremsen zu beherrschen. Als Anfänger sei dir empfohlen, den hinteren Schuh **seitlich** (Abb. 1) auf den Asphalt zu drücken, um durch den Widerstand an Geschwindigkeit zu verlieren.

Das kannst du ebenfalls übers *Tail* tun und deine Ferse (Abb. 2) über den Untergrund schleifen lassen. Das nutzt jedoch das Holz am Tail stark ab und wird daher seltener gemacht.

Wenn du jedoch deine Füße beim Bremsen auf dem Board lassen willst, kannst du einen **Frontside** (Abb. 3) oder **Backside Powerslide** (Abb. 4) üben. Dabei rutschen deine Rollen seitlich über den Asphalt, und es entsteht Reibung, wodurch du wiederum Geschwindigkeit verlierst. Ein Powerslide ist jedoch nur bei höheren Geschwindigkeiten möglich, sieht aber echt cool aus, sobald du ihn beherrschst.

1 Bremsen *regular seitlich*

2 Bremsen *regular mit der Ferse*

3 Bremsen *goofy Frontside Powerslide*

4 Bremsen *goofy Backside Powerslide*

TRICK TIPPS • BASICS

OLLIE

STANCE: REGULAR
SCHWIERIGKEIT: ANFÄNGER

Der Ollie gilt als der einfachste Flattrick und bietet die Grundlage für viele weitere Tricks. Voraussetzung für den Ollie: Du solltest dich einigermaßen sicher auf dem Skateboard fortbewegen können, und die Balance sollte auch sitzen.

(1) Vor dem eigentlichen Abspringen ist es wichtig, etwas in die Knie zu gehen. Die Füße stehen dabei parallel auf dem Board, der hintere möglichst weit auf dem *Tail*, so dass die Zehenspitzen sich etwa am Rand des Boards befinden. Der Vorderfuß steht kurz vor den Schrauben der Vorderachse mit dem größten Teil seiner Fläche auf dem Board. Den genauen Winkel der Füße muss jeder für sich rausfinden, am besten durch Probieren.

(2) Nun geht es darum, abzupoppen, also abzuspringen – gemeinsam mit dem Board. Der hintere Fuß muss dafür das Tail herunterdrücken, bis es den Boden berührt, gleichzeitig ziehst du den vorderen Fuß Richtung *Nose*, was in schneller Ausführung dazu führt, dass das Board mit deinen Füßen zusammen abhebt.

(3) Der Ollie ist am höchsten Punkt, und die Fußsohlen »kleben« wieder am *Griptape*.

(4) Die größte Hürde ist geschafft. Nun geht es darum, die Füße am Board zu behalten und zu landen, am besten mit den Füßen jeweils auf den Schrauben. Wichtig ist, dass die Schultern während des gesamten Tricks parallel über dem Board bleiben, um Drehungen des Körpers zu vermeiden.

stance Ollie regular

NOLLIE

STANCE: REGULAR
SCHWIERIGKEIT: ANFÄNGER

Um den Nollie zu lernen, solltest du zunächst des Ollies mächtig sein. Die beiden Tricks sind sich ähnlich, der Unterschied ist jedoch, dass beim Nollie alle Bewegungen entgegengesetzt ablaufen, da mit der **Nose** abgepoppt wird. Die Ausführung des Tricks scheint dadurch am Anfang etwas seltsam, mit der Zeit gewöhnt man sich aber an die Art und Weise, den Trick zu machen.

(1) Beim Nollie sollte man vor dem Abpoppen etwas in die Knie gehen. Die Fußstellung gleicht der des Ollies – nur eben in Richtung Nose verschoben. Der Vorderfuß steht also schön weit vorn auf der Nose, der Hinterfuß sollte sich etwa kurz vor den Schrauben der Hinterachse befinden.

(2) Nun geht es wieder schnell: Aus der leicht in die Knie gegangenen Bewegung kommst du wieder nach oben, gleichzeitig nutzt du den Schwung, um die Nose bis zum Boden herunterzudrücken, während der Hinterfuß auf dem Board Richtung *Tail* gezogen wird.

 3 »»»
 4 »»»

 X

(3) Wenn du das in harmonierender Bewegung gemacht hast, ist dein Board abgepoppt und befindet sich nun am höchsten Punkt des Tricks: gemeinsam mit den Füßen in der Luft.

(4) Jetzt kommt der entspannte Teil. Bleib mit den Füßen auf dem Brett und mit den Schultern parallel darüber, dann kannst du die letzten Millisekunden der Flugphase genießen und darauf warten, dass du wieder auf dem Boden landest und den Trick gut balanciert ausfährst.

stance Nollie regular

BS (POP) SHOVE-IT

STANCE: GOOFY
SCHWIERIGKEIT: ANFÄNGER

Der Pop Shove-It ist ein Trick, bei dem das Board sich durch eine Drehung um 180° von den Füßen löst. Wenn dir der Ollie langsam zu easy wird und du eine anspruchsvollere Mission suchst, versuch dich am Pop Shove-It! Der Trick ist wiederum Grundlage für einige andere Tricks im Flat.

(1) Deine Füße sollten ähnlich auf dem Board stehen wie beim Ollie. Der hintere steht in der Wölbung des *Tails*, der vordere etwa kurz vor den Schrauben, jedoch etwas spitzer als beim Ollie. Vor dem Abpoppen noch etwas in die Knie gehen, um mehr Schwung holen zu können, und ab geht's.

(2) Die Bewegung des Boards beim Pop Shove-It wird größtenteils durch den hinteren Fuß erzeugt. Dieser drückt das Board zum Abpoppen herunter. Dabei schieben die Zehen das Tail zusätzlich aber noch nach hinten (in Richtung deines Rückens also), um die Bewegung des Boards zu erzeugen. Damit der Shove-It funktioniert, wird jeglicher Druck vom Vorderfuß genommen und dieser mög-

«««1 «««2

lichst still gehalten, so dass sich das Board wie geplant dreht und keine unkontrollierten Manöver macht.

(3) Wenn diese Bewegung richtig ausgeführt wurde, bleibt dein Körper mit den Schultern in der Ausgangsposition. Sobald die Shove-It-Bewegung abgeschlossen ist, sollte der Vorderfuß das Board in der Luft catchen (also wieder auffangen).

(4) Den Hinterfuß ziehst du direkt hinterher, so dass sich in der Abwärtsbewegung des Boards beide Füße auf dem Brett befinden und du den Trick ohne Probleme landen und ausfahren kannst.

stance BS (Pop) Shove-it   goofy

1»»» 2»»»

FS (POP) SHOVE-IT

STANCE: REGULAR
SCHWIERIGKEIT: ANFÄNGER

Wie es der Name bereits vermuten lässt, ist der FS (Pop) Shove-It dem **BS** (Pop) Shove-It ähnlich. Das Board dreht sich allerdings 180° in die andere (**Frontside-**) Richtung. Die meisten Leute halten den FS (Pop) Shove-It für den schwierigeren der Shove-Its. Generell sollte man Ollies können und BS (Pop) Shove-Its auch schon mal gemacht haben, um die FS-Variante zu lernen.

(1) Die Füße stehen etwas versetzt auf dem Board: der hintere mit dem Fußballen mittig auf dem *Tail*, der vordere etwa in der Mitte des Bretts, wobei die Zehen leicht über die Kante des Boards stehen können. Etwas in die Knie gehen, wie bei jedem Flattrick.

(2) Aus der Bewegung heraus nutzt du die Kraft, um das Tail herunterzudrücken und abzupoppen. Gleichzeitig muss der Hinterfuß die Drehung des Boards verursachen, indem er es kräftig nach vorne (also in Richtung der Zehen) schiebt. Der Vorderfuß hat einen entspannten Job: Von ihm wird mit dem Abpoppen der komplette Druck genommen, außerdem sollte er möglichst nicht bewegt werden.

3 »»»

4 »»»

X

(3) Nun hat der Vorderfuß die Aufgabe, das Board nach Abschluss der 180°-Drehung zu catchen.

(4) Sobald beide Füße wieder am Board kleben, kannst du die Landung genießen. Beim FS (Pop) Shove-It ist es wichtig, die Schultern in der Ausgangsposition zu halten.

stance   FS (Pop) Shove-it   regular

FS 180°

STANCE: REGULAR
SCHWIERIGKEIT: ANFÄNGER

Der FS 180° ist ein Ollie, bei dem sich Körper und Board um 180 Grad in die Frontside-Richtung drehen (Frontside, FS = Vorderseite, vorwärts gerichtet). Bevor du den 180° lernst, solltest du den Ollie beherrschen.

(1) Deine Füße stehen etwa wie beim normalen Ollie. Die Schultern werden ein wenig in die entgegengesetzte Richtung der geplanten Körperdrehung eingedreht, damit die FS-180-Bewegung leichter klappt.

(2) Das Abpoppen läuft ähnlich ab wie beim Ollie, allerdings solltest du gleichzeitig, während du den Vorderfuß in Richtung *Nose* ziehst, den Schwung aus den eingedrehten Schultern nutzen, um den Körper in der Luft zu drehen. Dabei hilft dir etwas Armbewegung.

(3) Am höchsten Punkt angekommen, ist der Trick schon fast gestanden. An diesem Punkt solltest du dich um 90° oder etwas mehr gedreht haben.

(4) Wenn diese Drehung sitzt, heißt es landen und rückwärts (je nach Fußstellung switch oder fakie) weiterrollen – locker, easy.

stance   FS 180°   regular

TRICK TIPPS • FS 180°

49

BS 180°

STANCE: GOOFY
SCHWIERIGKEIT: ANFÄNGER

Der **Backside** 180° ist für die meisten von uns der schwierigere der 180s, da man sich in die blinde Richtung dreht. Aber sobald man die Bewegung verstanden hat, funktioniert auch der eigentlich wie von selbst. Ein (sicherer) Ollie gilt als gute Grundlage, um den BS 180 zu lernen.

(1) Die Fußstellung gleicht der des Ollies und des FS 180: Leicht in die Knie gehen und die Schultern entgegengesetzt der Sprungrichtung eindrehen.

(2) Deine Füße machen zum Abpoppen die Ollie-Bewegung, während Schultern und Arme die Richtung anzeigen, in die sich der Körper drehen soll.

(3) Die Drehung ist zur Hälfte geschafft, dein Körper hat sich bereits um etwa 90° rotiert.

(4) Du bewegst dich nun wieder abwärts, zeitgleich vollendet der Körper die Drehung, und die Landung steht bevor. Diese passiert wiederum fast von selbst, und deine Aufgabe ist es dabei lediglich, die Balance auf dem Board zu halten und switch bzw. fakie davonzurollen.

stance BS 180° goofy

KICKFLIP

STANCE: GOOFY
SCHWIERIGKEIT: ANFÄNGER

Der Kickflip ist die Grundlage für viele Fliptricks – und damit das Fundament für technisches Skaten.

Bevor du dich dem Trick näherst, solltest du dich einigermaßen sicher auf dem Skateboard fortbewegen können, und der Ollie sollte auch sitzen. Wer den kann, der weiß nämlich, wie das Abpoppen funktioniert – und das ist ebenfalls wichtig für den Kickflip. Es empfiehlt sich, den Trick von Anfang an in der Fahrt zu üben, nicht im Stand. Langsam rollen ist okay, schneller wirst du irgendwann von ganz allein.

(1) Platzier den hinteren Fuß weit hinten auf dem *Tail*, mit der Fußspitze etwa mittig darauf, den vorderen zwischen die beiden Achsen, nah an den Schrauben der Vorderachse. Der vordere Fuß sollte etwas schräg auf dem Board stehen, mit der Spitze leicht Richtung *Nose* zeigend. Leicht in die Knie gehen, um Schwung holen zu können.

(2) Mit dem Hinterfuß das Tail auf den Boden drücken, gleichzeitig ziehst du den vorderen Fuß mit dessen Seite und Spitze schräg über die Nose seitlich hinaus. Durch die schnelle gleichzeitige Bewegung baut sich Druck auf, du poppst ab, und das Board dreht sich in der Luft.

(3) Sobald die vertikale 360°-Drehung des Kickflips geschehen ist, musst du das Board mit den Füßen catchen, dann passiert der Rest von selbst. Du gleitest Richtung Boden zurück, landest und fährst idealerweise weiter.

TIPP

Bei der Fußstellung kommt es nicht auf millimetergenaue Positionierung an, sondern auf Erfahrung. Jeder hat da andere Vorlieben und stellt den Vorderfuß lieber ein bisschen weiter nach hinten, nach vorn oder etwas schräger. Probiert aus, was sich am besten anfühlt!

Wichtig ist außerdem, dass die Schultern die ganze Zeit möglichst parallel zum Board und der Körper gerade drüber bleiben. Das ist anfangs nicht ganz einfach, da man die Schultern durch die Zieh-Bewegung gern mitdrehen würde, was zu ungewollten und außerdem selten schönen Body-Varials führt.

stance Kickflip *goofy*

TRICK TIPPS · **KICKFLIP**

HEELFLIP

STANCE: GOOFY
SCHWIERIGKEIT: ANFÄNGER

Der Heelflip ist ein klassischer Move, bei dem – wie es der Name vermuten lässt – durch die Hacke (Heel) eine Drehung des Boards hervorgerufen wird, um genau 360 Grad der Längsachse.

(1) Der Hinterfuß steht weit hinten auf dem Tail, der Vorderfuß steht kurz vor den Schrauben, mit den Zehen an der Kante des Boards oder etwas darüber. Die folgende Bewegung kommt wieder aus der leichten Hocke.

(2) Während der hintere Fuß das Tail runterdrückt, um das Board zum Abpoppen zu bringen, ziehst du den vorderen Fuß zur Seite heraus, leicht schräg in Richtung Nose. Dadurch ist es vor allem die Hacke, die das Board dazu bringt, sich zu drehen. Auch hier ist es wichtig, dass du deine Schultern parallel zum Board behältst, um Drehungen des Körpers zu vermeiden.

(3) Sobald das Brett sich um 360 Grad gedreht hat, benutzt du deinen hinteren Fuß, um es zu catchen.

(4) Der Vorderfuß folgt dem hinteren dann wieder aufs Board, und du bist bereit, mit beiden Füßen auf dem Board zu landen und auszufahren.

stance   Heelflip   goofy

360 FLIP

STANCE: GOOFY
SCHWIERIGKEIT: FORTGESCHRITTENE

Einer der anspruchsvolleren Tricks ist der 360 Flip, bei dem sich das Board um seine zwei Achsen um 360° dreht. Es macht gleichzeitig einen Kickflip und einen 360 Shove-It. Viel Bewegung, die durch Druck entsteht und kontrolliert ausgeführt werden muss. Es ist hilfreich, wenn man Kickflips und Pop Shove-Its beherrscht, bevor man sich den 360 Flip aneignet.

(1) Die Füße stehen ähnlich wie beim Kickflip. Der hintere Fuß steht sehr weit auf dem Tail, ein wenig überlappen die Zehenspitzen die Kante, während sich der Fußballen auf der Kante des Tails befindet. Der vordere Fuß steht leicht schräg, kurz vor den Schrauben. Manch einer kommt aber besser damit klar, wenn er eher mittig auf dem Board steht. Außerdem bleiben die Schultern während des Tricks parallel über dem Brett, vor dem Abspringen erhöht leichtes In-die-Knie-Gehen den Druck auf das Board.

stance 360 Flip   goofy

(2) Dieser Druck ist maßgebend für das Ausmaß der Boarddrehung. Beim Abpoppen zieht der Vorderfuß den Kickflip, während durch viel Kraft aus dem Hinterfuß die Pop Shove-It-Bewegung kommt. Tatsächlich ist viel Energie nötig, um das Board in die gewünschte Rotation zu versetzen, wobei ein Großteil der Energie durch den Hinterfuß hervorgerufen wird. Während des Tricks dreht sich das Board zwischen den scherenartigen Beinen.

(3) Nach abgeschlossener 360°-Drehung catcht der Vorderfuß das Board.

(4) Der Hinterfuß wird direkt hinterhergezogen und befindet sich nun auch wieder auf dem Board, bereit zur Landung und Weiterfahrt.

GRINDS UND SLIDES

FS 50-50

STANCE: GOOFY
SCHWIERIGKEIT: ANFÄNGER

Der FS 50-50 ist der einfachste Grind am Curb und eine gute Grundlage für viele weitere Tricks. Irgendwie musst du den Höhenunterschied zwischen Flat und Curb überwinden, wofür sich der Ollie super eignet und von daher eine wichtige Voraussetzung für den 50-50 darstellt. Du solltest außerdem sicherstellen, dass dein Curb gut grindet. Das lässt sich mit Händen und Board gut testen. Falls das nicht der Fall ist, schmier etwas Wachs auf die Kante – und ab geht die Post. Taste dich mit der Geschwindigkeit langsam heran! Anfangs ist es besser, nicht so schnell zu fahren, sondern erst, wenn etwas Sicherheit im Ablauf des Tricks vorhanden ist.

(1) Fahr parallel zur Kante des Curbs an, Füße und Knie sollten sich dabei in der Ollie-Position befinden. Halt die Schultern während des gesamten Tricks parallel zum Board (und damit auch dem Curb)!

(2) Und Snap: Du drückst das *Tail* runter, ziehst den Vorderfuß in Richtung *Nose* und hebst ab. Der Ollie sollte etwas höher sein als deine angestrebte Curb-Kante. Such dir also unbedingt ein Curb in deiner Liga.

(3) Versuche, mit beiden Achsen gleichzeitig auf der Kante aufzusetzen, um Wegrutschen oder Hängenbleiben zu vermeiden.

(4) Bleib locker über dem Curb, minimales Nach-hinten-Lehnen wirkt sich positiv auf den Grind aus.

(5) Wenn du kurz vor dem Ende bist, stell dich darauf ein, eine leichte Ollie-Bewegung zu machen, um den Grind zu verlassen. Bleib über dem Board und lande möglichst mit den Füßen auf den Schrauben.

Backside-Variante BS 50-50

Den **BS 50-50** findest Du unter www.titus.de/bs-50-50

TRICK TIPPS · FS 50-50

61

FS 5-0

STANCE: REGULAR
SCHWIERIGKEIT: FORTGESCHRITTENE

Wer FS 50-50s und Manuals kann, der sollte auch mit dem FS 5-0 keine Sorgen haben – dafür aber viel Spaß! Es gilt also, einen Wheelie auf einer Kante am Curb zu machen, was schwerer klingt, als es ist. Such dir ein Curb, was niedriger ist als dein Ollie, damit du die Höhe locker schaffst und dich auf das Üben deines neuen Tricks konzentrieren kannst.

(1) Wie beim 50-50 solltest du parallel zum Curb anfahren, die Füße in Ollie-Position. Vor dem Abpoppen leicht in die Knie gehen, die Schultern bleiben möglichst parallel zum Board.

(2) Wie beim 50-50 poppst du zuerst per Ollie ab, so dass du etwas höher kommst als das Curb. Am höchsten Punkt des Ollies angekommen, kommt der Unterschied zum 50-50: Das hintere Bein wird durchgestreckt, vom Vorderfuß wird das Gewicht genommen, so dass die Hinterachse tiefer hängt als der Rest des Boards.

Backside-Variante BS 5-0

(3) In dieser Position setzt du zum Grind auf. Gib Acht, dass du die Balance hältst, um nicht wegzurutschen. Das Tail darf beim Grinden auch aufsetzen, das erleichtert den Trick etwas. Wenn der Move sitzt, kannst du dich am Grind in der Manual-Position versuchen. Aber wenn der Rogalski (Fahrer auf dem Bild) aufsetzen darf, dann darfst du das auch.

(4) Halt diese Position, um ordentlich zu grinden.

(5) Am Ende des Curbs empfiehlt es sich, eine leichte Ollie-Bewegung zu machen, aber leichtes Nach-vorn-Lehnen funktioniert auch, um den Trick zu stehen. Bring dein Gewicht wieder in die Mitte des Boards und balancier die Landung aus. Fertig ist der 5-O-Grind.

Den **BS 5-O** findest Du unter www.titus.de/bs-5-0

FS NOSEGRIND

STANCE: REGULAR
SCHWIERIGKEIT: FORTGESCHRITTENE

Der Nosegrind ist einer der etwas kniffeligen Grinds. Voraussetzung dafür sind der Ollie, der FS 50-50 und der Nose Manual. Das Prinzip ist wiederum einfach: Kombiniere den Ollie mit dem Nose Manual auf der Kante des Curbs. Leicht gesagt – und leicht getan?

(1) Die Anfahrt aufs Curb sollte auf parallelem Wege, mit den Füßen in Ollie-Position geschehen. Kurz vor dem Absprung leicht in die Knie gehen.

(2) Per Ollie geht's in die Luft, die Bewegung sollte ja langsam sitzen.

(3) Am höchsten Punkt solltest du – genau wie beim Nose Manual – die *Nose* mit dem vorderen Fuß herunterdrücken. Beim Aufsetzen der Vorderachse auf der Kante des Curbs ist es wichtig, die Balance zu halten und das Aufsetzen der Nose des *Decks* vorrangig zu vermeiden, da sonst Hängenbleiben und Stürzen eine sehr wahrscheinliche Folge sind.

(4) Zieh den Grind in dieser Haltung durch. Das Ausstrecken deiner Arme hilft beim Balancieren.

(5) Der Abgang aus dem Trick gleicht dem des Nose Manual. Am Ende des Curbs ist eine leichte Nollie-Bewegung hilfreich, um den Grind abzuschließen. Bleib über dem Board, lande und genieße das Gefühl eines gestandenen FS Nosegrinds.

Backside-Variante BS Nosegrind

Den **BS Nosegrind** findest Du unter www.titus.de/bs-nosegrind

TRICK TIPPS • FS NOSEGRIND

BS NOSESLIDE

STANCE: GOOFY
SCHWIERIGKEIT: ANFÄNGER

Der **BS** Nose**slide** ist ein weiterer klassischer, wunderbar mit anderen Tricks kombinierbarer Move. Dadurch, dass lediglich die **Nose** auf das Curb zu bewegen ist, erreichst du auch ohne meterhohe Ollies in deinem Repertoire die eine oder andere Kante. Den Ollie an sich solltest du allerdings beherrschen. Und auch ein FS 180° ist hilfreich, um BS Noseslides zu lernen.

(1) Fahr nicht ganz parallel zum Curb an, leicht schräg bist du auf gutem Wege. Stell dich darauf ein, einen FS 180 zu machen, Füße also in Ollie-Position, leicht in die Knie gehen und den Schultern schon mal Bescheid geben, dass sie gleich etwas zu tun bekommen.

(2) Um in den Trick zu gelangen, machst du ein Zwischending aus Ollie und FS 180°, einen 90°-Ollie also. *Tail* herunterdrücken, Vorderfuß gen Nose ziehen und gleichzeitig die leichte Drehung des Körpers mit den Schultern hervorrufen.

(3) Der Vorderfuß sollte nach abgeschlossenem Abpoppen auf der Nose stehen bleiben, Druck nach vorn verlagern und mit der Nose auf dem Curb landen.

(4) Um zu sliden, ist es wichtig, eine gute Balance deines Gewichts zu finden. Viel davon solltest du auf die Nose verlagern, um diese auf dem Curb zu halten. Zu viel Gewicht auf der Nose verhindert allerdings den Slide. Versuch also, das für dich richtige Maß an Gewicht & Druck auf der Nose zu finden.

(5) Am Ende des Curbs angekommen, funktioniert eine leichte Nollie-Bewegung gut, um den Slide zu verlassen. Die Schultern drehen sich wieder in eine parallele Haltung zum Curb, genau wie dein Board. Bleib drüber und lande wieder auf dem Brett.

Frontside-Variante *FS Noseslide*

Den **FS Noseslide** findest Du unter
www.titus.de/fs-noseslide

TRICK TIPPS • BS NOSESLIDE

67

FS TAILSLIDE

STANCE: REGULAR
SCHWIERIGKEIT: FORTGESCHRITTENE

Der Name des Tricks ist recht eindeutig: Beim FS Tail**slide** machst du eine FS-Drehung, um mit dem **Tail** auf einem **Curb** zu sliden. Voraussetzung dafür sind ein anständiger Ollie bzw. noch besser ein anständiger FS 180°. Wie du den in einen anständigen FS-Tailslide verwandelst, siehst und liest du hier.

(1) Fahr fast parallel zum Curb an, ganz leicht schräg ist empfehlenswert. Die Füße sind ready, um per Ollie abzupoppen, und du gehst etwas in die Knie.

(2) Kurz vor dem Curb poppst du möglichst hoch ab, da du mit dem Tail über die Kante gelangen musst. Dreh deinen Unterkörper um 90°, die Schultern sollten allerdings möglichst parallel zum Curb bleiben und sich nicht mitdrehen, damit du gut sliden kannst. Am höchsten Punkt angekommen, ist es an der Zeit, Druck auf den Hinterfuß zu geben und den Vorderfuß vom Großteil des Gewichts zu befreien, damit du die gewünschte Tailslide-Position einnimmst.

(3) Mit mittlerem Druck auf dem Tail slidest du bis zum Ende des Curbs. Dabei ist eine leichte Rückenlage empfehlenswert.

(4) Drücke kurz etwas mehr aufs Tail bzw. mach eine leichte Ollie-Bewegung, um den Slide zu beenden. Dreh deinen Körper zurück in die Ausgangshaltung, um parallel zum Curb zu landen und weiterzufahren.

Backside-Variante BS Tailslide

Den **BS Tailslide** findest Du unter
www.titus.de/bs-tailslide

TRICK TIPPS • FS TAILSLIDE

BS BOARDSLIDE

STANCE: REGULAR
SCHWIERIGKEIT: ANFÄNGER

Der **BS Boardslide** ist ein Basic und wahrscheinlich einer der ersten Slides, die du lernst. Da du mit der Mitte des Boards auf dem Obstacle landest, hast du viel Platz, um zu sliden. Anstatt ihn am Curb zu machen, ist es empfehlenswert, ihn am Flatrail zu lernen, da die Wheels dort keine Fläche zum Hängenbleiben haben. Ollies und FS 180s solltest du können, bevor du den Boardslide lernst.

(1) Fahr etwa parallel zum Curb/Rail an, während sich die Füße in der Ollie-Stellung befinden und du leicht in die Knie gehst.

(2) Mach einen 90°-Ollie in die FS-Richtung, indem du das Tail herunterdrückst, den Vorderfuß zur *Nose* ziehst und durch die Schultern die Drehung des Körpers bewirkst. Lande mit dem Mittelteil des Boards auf dem Obstacle.

(3) Halt das Gleichgewicht, um nicht wegzurutschen oder steckenzubleiben – deine Arme helfen dir dabei. Im Idealfall slidest du bis zum Ende des Curbs/Rails.

(4) Nun drehst du das Board und deinen Körper einfach zurück in die Ausgangsposition, parallel zum Curb auf dem Boden. Versuche, möglichst auf den Schrauben zu landen, und roll weiter. Fertig ist der BS-Boardslide!

Frontside-Variante *FS Boardslide*

Den **FS Boardslide** findest Du unter
www.titus.de/fs-boardslide

TRICK TIPPS • BS BOARDSLIDE

71

FS SMITH

STANCE: REGULAR
SCHWIERIGKEIT: FORTGESCHRITTENE

Ein anspruchsvoller Curb-Trick ist der FS Smith, für den du Ollies und 50-50s gut können und vor allem ein ausgeprägtes Gefühl für die Bewegung deines Boards haben solltest. Stell sicher, dass dein Curb gut rutscht, besonders oben, wo deine Rolle **sliden** soll. Etwas Wachs schadet selten!

(1) Die Anfahrt geschieht wieder ungefähr parallel zum Curb, leicht frontal kann ebenfalls nicht schaden. Du stehst bereit zum Ollie auf dem Board, leicht gebeugte Knie verstehen sich von selbst.

(2) Wie gewohnt, poppst du per Ollie ab. In der Luft solltest du das Board in eine schräge Position bringen, irgendwo zwischen FS 5-0 und FS Tailslide. Dabei streckst du das vordere Bein etwas mehr durch, um die *Nose* in eine tiefere Position zu bekommen.

Backside-Variante BS Smith

(3) Mit der hinteren Achse landest du schräg auf der Kante, während sich der Hinterfuß tief in der Biegung des *Tails* befindet. Auf dem Vorderfuß sollte kaum Druck lasten, lediglich deine Zehen sollten das Board mit viel Gefühl in der aktuellen Position halten. Das ist wichtig, damit du ordnungsgemäß grindest und nicht durch zu viel Druck und Gewicht nach vorn hängen bleibst.

(4) Halt diese Postion und die Balance deines Körpers durch leichtes Ausstrecken der Arme. Du kommst in den Genuss des FS Smithgrinds.

(5) Durch leichten Druck aufs Tail verlässt du den Grind mit dem Board an den Füßen. Lande möglichst wieder parallel zum Curb und fahr den Trick aus.

Den **BS Smith** findest Du unter
www.titus.de/bs-smith

DROP IN

STANCE: REGULAR
SCHWIERIGKEIT: ANFÄNGER

Der Drop In ist der entspannteste Weg, eine **Transition**/Rampe herunterzufahren. Bevor du dich an einem Trick in der Rampe versuchst, solltest du sie droppen – also herunterfahren können. Bevor du dir das zutraust, solltest du dich einigermaßen sicher auf dem Skateboard fortbewegen können und schon etwas Gefühl für das Holzbrett entwickelt haben. **Pushen** und Lenken sollten gut funktionieren! Such dir eine Transition mit großem Radius, die also nicht so steil ist, um den Drop In zu lernen.

(1) Positioniere dein Brett mit dem Tail auf dem Coping für den Drop In. Stell zuerst nur deinen Hinterfuß mit allem Gewicht auf das Tail, um das Board unter Kontrolle zu haben. Stell deinen Vorderfuß vorsichtig auf die Schrauben der Vorderachse, dabei bleibt dein Körperschwerpunkt und jegliches Gewicht aber immer noch auf dem Hinterfuß. Üb zu Beginn erst einmal, diese Position eine Weile zu halten, und steig dann wieder ab, indem du den Vorderfuß zurücknimmst. Wenn du ein Gefühl für die Haltung entwickelt hast, kannst du dich dem Drop In nähern.

3 »»»

X

(2) Das Wichtigste beim eigentlichen Herunterfahren ist die Gewichtsverlagerung. Du stehst immer noch mit dem Großteil deines Gewichts auf dem Hinterfuß, während der Vorderfuß sich auf den vorderen Schrauben befindet. Verlager dein Gewicht nach vorne, indem du deinen Körper in Richtung deines Vorderfußes lehnst. Geh dabei leicht in die Knie! Mit zunehmendem Gewicht auf dem Vorderfuß bewegt sich dein Board in die Transition.

(3) Alle vier Wheels berühren nun die Transition, und du beginnst zu rollen. Halt deinen Körperschwerpunkt durch Gewichtsverlagerung immer ungefähr über der Mitte des Boards, um nicht nach vorn oder hinten zu fallen. Wenn du das richtig machst, fährst du die Transition problemlos herunter und hast den Drop In geschafft.

TIPP

Lehn dich anfangs lieber zu weit nach vorne als zu weit nach hinten. Außerdem kannst du einen Drop In auch erst in einer Bank anstatt einer Quarter üben.

 1 »»»
 2 »»»
 3 »»»

ROCK TO FAKIE

STANCE: REGULAR
SCHWIERIGKEIT: ANFÄNGER

Der Rock to Fakie ist ein Basic in der **Transition**. Um den Trick zu lernen, solltest du dir eine flachere Transition suchen und etwas Gefühl für die Rampe entwickeln. Taste dich durch einfaches Hoch- und Wieder-Herunterfahren heran, zuerst langsam und flach. Sobald du dich sicherer fühlst, fahr etwas schneller und roll etwas höher.

(1) In lockerer Fußstellung fährst du auf die Transition zu. Hinterfuß weit auf dem *Tail*, Vorderfuß auf den Schrauben der vorderen Achse.

(2) Fahr die Transition hoch, etwas Bewegung aus der gebeugten Kniehaltung schadet dabei nicht.

(3) Kurz vor dem Coping drückst du leicht aufs Tail, so dass die *Nose* darüberrutscht. Mit etwas Druck auf den Vorderfuß setzt das Board mittig auf. Dabei wird das vordere Fußgelenk gestreckt, und der Körper geht leicht mit.

(4) Der Hinterfuß befindet sich immer noch auf dem Tail. Üb mit diesem nun leichten Druck aus und lehn dich wieder leicht zurück in die Transition. Somit holst du die Vorderachse wieder zurück vor das Coping, was der schwierigste Teil des Tricks ist, da du aufpassen musst, nicht daran hängenzubleiben.

(5) Sobald sich die Vorderachse wieder in der Transition befindet, geh leicht in die Knie und roll fakie wieder herunter.

TIPP

Das Fakie Herunterrollen ist der schwierige Teil, an den du dich mit etwas Übung aber gewöhnst. Wenn du mit den vorderen Wheels bis kurz vor das Coping der Rampe und wieder herunterkommen kannst, fehlt nicht mehr viel bis zum Rock to Fakie, und du bist bereit für den Trick.

1 »»»

2 »»»

3 »»»

AXLE STALL

STANCE: REGULAR
SCHWIERIGKEIT: ANFÄNGER

Der Axle Stall ist die Voraussetzung für viele Tricks in der **Transition**. Alle Grinds beispielsweise bauen auf ihm auf. Bevor du den Trick jedoch lernst, solltest du den **Drop In** beherrschen und auch schon den einen oder anderen Rock to Fakie gemacht haben.

(1) Fahr in lockerer Haltung gerade auf die Transition, also im 90°-Winkel zum Coping an. Der Hinterfuß steht dabei auf dem Tail, der Vorderfuß auf den Schrauben der vorderen Achse.

(2) Drück dich etwas aus den Knien hoch, während du in die Transition fährst. Das Board sollte im 90°-Winkel zum Coping bleiben, bis du kurz vor diesem bist.

(3) Kurz vor dem Coping übst du – genau wie beim Kickturn – etwas Druck aufs Tail aus und drehst das Board um 90° in die BS-Richtung. So hakst du mit der Hinterachse am Coping ein.

(4) Dann legst du durch Druck auf den Vorderfuß die Vorderachse auf dem Coping ab, wo sich auch die Hinterachse befindet. Et voilà, du stehst im Axle Stall. Halt die Balance, um nicht wegzurutschen.

(5) Für den Abgang aus dem Trick drehst du die Nose wieder um 90° in die Rampe. Dabei verlagerst du deinen Körperschwerpunkt, wie beim Drop In, nach vorne.

(6) Ist diese Drehung abgeschlossen, lehnst du dich genau wie beim Drop In wieder in die Transition und fährst die Rampe geschmeidig herunter.

TIPP

Es ist ratsam, sich mit einfachen Kickturns – also dem Umdrehen in der Rampe – nach und nach an den Axle Stall heranzutasten. Fang langsam an und fahr mit der Zeit etwas schneller auf die Transition zu. So bekommst du das Gefühl für die Rampe. Wenn du per Kickturn bis unter das Coping kommst, solltest du bereit für den Axle Stall sein.

 1 »»»
 2 »»»
 3 »»»
 4 »»»
 5 »»»

OLLIE TO MANUAL

STANCE: REGULAR
SCHWIERIGKEIT: ANFÄNGER

Beim Manual (oder Wheelie) balancierst du auf der Hinterachse deines Skateboards, es berühren also nur zwei Wheels den Boden. Es ist ratsam, erst einmal im Flat zu üben, die Balance eine Weile zu halten. Wenn das ein Stück klappt, kannst du dir ein passendes Obstacle suchen, auf das du springen willst, um den Manual zu performen. Einen Wheelie kannst du natürlich auch im Flat machen, doch hier im Trick Tipp erklären wir dir den Ollie to Manual.

(1) Beim Anfahren bereitest du dich einfach darauf vor, einen Ollie zu machen. Die Fußstellung ist dieselbe: etwas in die Knie und du bist bereit.

(2) Mach einen Ollie, indem du wie gewohnt das Tail herunterdrückst und den Vorderfuß in Richtung der *Nose* ziehst.

(3) Während du in der Luft bist, solltest du das Gewicht etwas auf den hinteren Fuß verlagern, auf dem vorderen ist also nur noch wenig Druck. Das Board befindet sich leicht schräg in der Luft.

(4) Das Aufsetzen mit der Hinterachse ist ein Balanceakt und zuerst recht schwierig. Mit der Zeit klappt es aber ohne Aufsetzen des Tails. Wichtig dabei ist, dass der Großteil deines Gewichts auf dem Hinterfuß bleibt. Insgesamt ist der Körper leicht nach vorn gebeugt, und die Arme sind ziemlich gestreckt, um gut balancieren zu können.

(5) Halt diese Position deines Körpers. Sie wird dir dabei helfen, den Manual bis zum Ende durchzuziehen.

(6) Sobald du die Kante des Manualpads vor dir hast, stell dich auf die Landung ein. Am Ende angekommen, lehn dich wieder etwas nach vorne. Eine leichte Ollie-Bewegung kann auch nicht schaden, um den Manual zu beenden. Landen, weiterfahren, glücklich sein!

1 »»»

2 »»»

3 »»»

4 »»»

OLLIE TO NOSE MANUAL

STANCE: REGULAR
SCHWIERIGKEIT: FORTGESCHRITTENE

Der Nose Manual gilt als das etwas schwierigere der beiden einachsigen Manöver. Das Rollen auf den zwei Wheels der Vorderachse erfordert viel Geschick und Balance, lässt sich aber gut üben. Voraussetzung für erfolgreiche Nose Manuals an einem Obstacle ist ein Ollie, um das Mannypad zu erreichen. Außerdem ist es hilfreich, die Balance auf der Vorderachse erst einmal im Flat zu üben, bevor man den Ollie to Nose Manual übt.

(1) Die Füße stehen zum Ollie bereit, das leichte In-die-Knie-Gehen ist mittlerweile selbstverständlich.

(2) Drück das *Tail* herunter, zieh den Vorderfuß in Richtung *Nose*, um auf das Mannypad zu gelangen.

(3) Sobald du am höchsten Punkt des Ollies bist, drück die Vorderachse durch den Vorderfuß herunter, schließlich willst du ja auf der Nose landen.

5 » » »

X

(4) Die Landung im Nosemanny ist etwas tricky, da die Balance deines Körpers stimmen muss. Nutz deine Arme, um in der richtigen Haltung zu bleiben und den Trick bis zum Ende durchzurollen.

(5) Fast geschafft! Nun ist eine leichte Nollie-Bewegung hilfreich, um vom Mannypad herunterzugelangen, ohne dessen Kante mit dem Tail zu berühren. Um das zu vermeiden, hilft es ebenso, etwas schneller zu fahren, um den Schwung zu nutzen. Das Landen geschieht von selbst, und du kannst dich über einen weiteren gestandenen Trick freuen.

1 »»»

2 »»»

3 »»»

BS WALLIE

STANCE: REGULAR
SCHWIERIGKEIT: FORTGESCHRITTENE

Wände hochfahren ... ohne Hilfsmittel? Geht das? Klar! Im Falle des Wallies schnippst man kurz seitlich gegen eine Wand. Um ihn zu lernen, suchst du dir aber besser ein Obstacle, das einen etwas sanfteren Winkel hat, um das Gefühl dafür zu bekommen. Je steiler die Wand desto schwerer der Wallie – logisch. Auch selbst bauen ist keine Kunst: Einfach eine kurze Platte oder ein Blech gegen eine Wand, einen Fahrradständer etc. lehnen und ab geht's, rumdorken!

(1) Stell deine Füße aufs Board, als würdest du einen Ollie machen wollen. Etwas in die Knie gehen ist immer gut.

(2) Das Wichtigste ist die Gewichtsverlagerung. Damit das Board den gewünschten Wallie auch mitmacht, musst du das Gewicht vom vorderen Fuß nach hinten verlagern und den ganzen Körper nach hinten lehnen. Gleichzeitig geschieht die Arbeit mit den Füßen: Anstatt der normalen Ab-popp-Bewegung schiebt der hintere Fuß das *Tail* in Fahrtrichtung gegen die Wand. Die *Nose* wandert durch die Gewichtsverlagerung nach oben, und du bist mitten im Wallie. Die gesamte Bewegung erfordert viel Übung, um ein Gefühl für den Trick zu entwickeln.

(3) Nun ist das Board am höchsten Punkt angekommen. Streck jetzt den Vorderfuß durch und bring damit das Board zurück in die horizontale Haltung. Der Körper steht nun wieder parallel über dem Brett.

(4) Fast geschafft! Bleib über dem Board, freu dich auf die Landung und fahr weiter.

FS NO COMPLY

STANCE: REGULAR
SCHWIERIGKEIT: ANFÄNGER

*No Complys machen Spaß. Längst ist der Trick keine Ausnahme mehr im modernen Streetskaten. Er lockert jede Line auf und gibt dir frischen Schwung. Die **FS**-Variante ist dabei die gängigste und gleichzeitig auch die leichteste. Es ist von Vorteil, FS 180s zu können, bevor du dir den FS No Comply vornimmst.*

(1) Die Füße stehen ähnlich wie beim Kickflip. Der vordere etwas schräg, kurz vor den Schrauben, der hintere eher mitten in der *Tail*-Biegung.

(2) Anstatt wie beim FS 180° abzupoppen, ziehst du deinen Vorderfuß schnell vom Board. Gleichzeitig drückt der Hinterfuß das Tail herunter und bringt es so zum Abpoppen. Die FS-Bewegung geschieht genau wie beim FS 180° durch die Bewegung und das Drehen von Schultern und Armen.

«««3   «««2   «««1

(3) Der gesamte Körper folgt der aus den Schultern hervorgehenden Drehung, und das Board bleibt am Hinterfuß kleben, während es sich ebenso mitdreht.

(4) Sobald etwa die Hälfte der Drehung abgeschlossen ist, stößt du den vorderen Fuß vom Boden ab und ziehst ihn zurück aufs Board. Wenn du dich dazu überwinden kannst, beide Füße gleichzeitig in der Luft zu haben, bist du der perfekten Landung schon ganz nah.

SKATEBOARDER IN IHRER NATÜRLICHEN UMGEBUNG

In diesem Kapitel soll ein genauerer Blick auf das Street-Skaten geworfen werden. Wo ist der Unterschied zwischen Skatepark und Street? Welche Elemente kann man zum Skaten nutzen und welche eignen sich am Anfang besonders? Welche Regeln herrschen an Street Spots? Und was braucht man zum Dokumentieren von Skateboarding in Einzel- und Bewegtbild? In den folgenden Abschnitten lernst du die Grundlagen, sozusagen das Einmaleins des Skatens.

»Skateboarding gehört auf die Straße!« Diese Einstellung ist in der Szene stark vertreten und kann bereits mit der Entstehung des Skatens begründet werden.

Ende der 1950er Jahre wurden in Kalifornien erstmalig urbane Elemente des öffentlichen Raumes genutzt, um eine Alternative für schlechte Surf-Bedingungen zu schaffen. So entstand der Name »Sidewalk Surfing«, zu deutsch »Bürgersteig-Surfen«. Es wurde geskatet, was vorhanden war: Parkplätze, Einfahrten, leere Pools – nichts davon war zum Skaten gebaut worden, jedoch ließen sich die vorhandenen Flächen gut nutzen.

Auch heute spielt sich modernes Skateboarding auf der Straße und im öffentlichen Raum ab: Wirft man einen Blick in die vorhandenen Skateboard-Medien, wie Magazine und Videos, stellt man fest, dass diese fast ausschließlich echtes

Street-Skaten zeigen. Zwar sind die Bedingungen an Street-Spots meist nicht ideal, jedoch ist es gerade diese Besonderheit, die das Skateboarding auszeichnet: Elemente, die im öffentlichen Raum vorhanden sind, anders zu nutzen als der Rest der Menschen. Tricks an einem Street-Spot zu schaffen gestaltet sich oftmals schwieriger als in Skateparks, die extra zum Skaten gebaut wurden und meist sehr gute Bedingungen bieten. Genau dieser höhere Schwierigkeitsgrad ist das Besondere, was das Skateboarding ausmacht.

Skateparks sind jedoch ebenfalls äußerst beliebt und erfüllen ihren Zweck. Meist dienen die extra dafür gebauten Anlagen dem Zweck, perfekte Bedingungen zum Skaten zu schaffen, damit der Spaßfaktor möglichst hoch ist. Viele Skateboarder nutzen Skateparks, um neue Tricks zu üben und zu festigen, um sie dann später an Street-Spots umsetzen zu können. Besonders für den Anfang eignen sich Skateparks sehr gut. Meist findet man Elemente mit niedrigem Schwierigkeitsgrad, an denen das Skateboardfahren und erste Tricks super gelernt werden können. In Deutschland, Österreich und der Schweiz findet man glücklicherweise in den meisten Städten Skateparks, auch ländliche Regionen bieten in kleinerem Umkreis meist eine Anlage.

Falls jedoch kein Skatepark in der näheren Umgebung vorhanden ist, kann man es auch den Erfindern des Sports gleichtun und einen Parkplatz, eine leere Straße oder sogar die eigene Hauseinfahrt verwenden, um die ersten Bewegungen und Tricks zu lernen. Früher oder später wird dann jedoch jeder Skater versuchen, seine Tricks auf die Straße zu bringen und Skills an richtigen Spots zu beweisen, so wie es Vorbilder und Profis in Videos und Magazinen vormachen.

Flat

Obstacles sind alle Elemente, die du im öffentlichen Raum zum Skaten nutzen kannst. Im folgenden Abschnitt sollst du einen detaillierten Überblick über die wichtigsten Obstacles im Street-Bereich bekommen.

Je nach Können und persönlichem Geschmack sind die Möglichkeiten fast grenzenlos, welche Objekte für den Skater nutzbar sein können.

Wer jetzt direkt an riesige Stufen und Geländer denkt, sollte zunächst einen Gang zurückschalten, denn das Wichtigste für den Anfang ist **Flatground**, oder kurz: Flat. Die englische Bezeichnung steht für einfachen, flachen Boden, auf dem du grundlegende Tricks lernst. Wichtig ist, dir für den Anfang eine Fläche zu suchen, auf der du genug Platz hast, um zumindest ein paar Meter rollen zu können. Außerdem spielt die Beschaffenheit des Flats eine wichtige Rolle, sprich Struktur und Glätte. Der Boden sollte generell nicht zu rau sein, da der Widerstand beim Skaten sonst zu groß ist und dir das Leben erschwert. Ein schön glatter Boden, beispielsweise aus Marmor oder glattem Beton, eignet sich wesentlich besser zum Skaten als z. B. gepflasterte Steine. Aber auch eine geteerte Fläche, wie ein Basketballplatz oder eine Spielstraße, eignen sich zum Flat-Skaten.

An einer **Pyramide** kann man Flat-Tricks von einer auf die andere Seite machen. Du fährst die eine Bank hoch und landest in der anderen.

Als **Curb** oder *Ledge* bezeichnet man ein kastenförmiges Objekt, dessen Kante man zum Sliden oder Grinden nutzen kann. Curbs findet man relativ häufig im modernen Stadtbild, sie können jedoch im Material ganz unterschiedlich sein (z. B. Holz, Marmor, Beton, Metall), die Höhe kann von Knöchelhöhe bis Hüfthöhe variieren; je nach Fähigkeiten und Pop des Skaters ergeben sich hier verschiedene Möglichkeiten.

Am häufigsten werden verschiedenste Formen von Sitzbänken als Curbs genutzt, allerdings sind auch Abgrenzungen, Laderampen oder andere geometrische Formen als Curbs nutzbar.

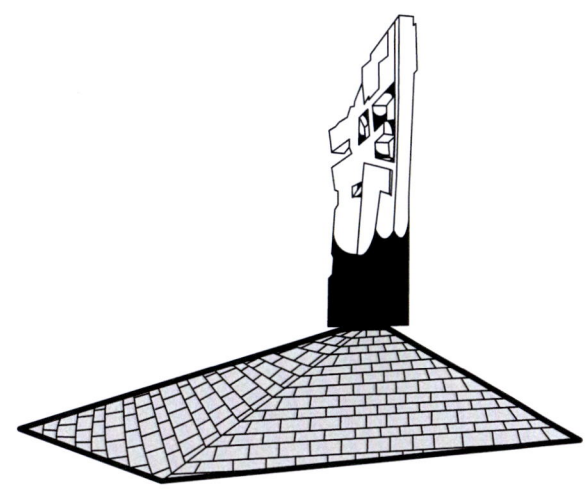

Curb

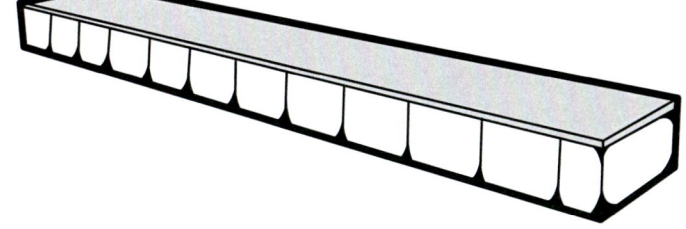

OBSTACLE AB**C**

Eine spezielle Form des Curbs ist das sogenannte **Slappycurb**, eine Kante, die maximal knöchelhoch ist, auf die du also ohne Pop quasi drauffahren kannst, um sie zu grinden. Beispielsweise werden oftmals Bordsteinkanten eingewachst und als Slappycurb benutzt, besonders im modernen Skateboarding sieht man das ziemlich häufig.

Slappycurb

TIPP

Am besten eignen sich Objekte, an denen eine Metallkante angebracht ist, denn diese grinden und sliden von Natur aus gut. Falls dies mal nicht der Fall ist, hilft das Auftragen von Wachs, um die meisten Kanten skatebar zu machen.

Waxin

Manualpad

Ein **Manualpad** ist ein kastenförmiges Objekt, auf dem man Manuals machen kann. Seine Form ähnelt grundlegend dem Curb, jedoch sind Manualpads meist breiter, da für einen Manual mehr Fläche benötigt wird, während beim Curb nur die Kante eine wichtige Rolle spielt. Auch hier gilt: Umso niedriger das Manualpad, umso leichter ist es, einen Trick daran zu machen, da du nicht so hoch springen können musst, um heraufzukommen. Es empfiehlt sich also für den Anfang, dir ein angenehm niedriges Manualpad zu suchen, um deine Manuals zu üben. Beispielsweise Verkehrsinseln oder Bürgersteigsabschnitte werden oft als Manualpads genutzt.

Flatrail

Der Begriff **Flatrail** beschreibt eine waagerechte Stange über dem Boden, welche unterschiedlich hoch sein kann. Generell gilt: je höher, desto schwerer ist es, das Flatrail zu skaten. Dieses Obstacle eignet sich, um daran Grinds und Slides zu performen. Meist treten Flatrails als Gebüschabgrenzungen oder Ähnliches auf – ein gutes Exemplar zu finden, ist jedoch nicht immer leicht.

Als **Flatgap** bezeichnet man eine ebenerdige Lücke in einem Bereich von skatebarem Flat. Diese Lücke gilt es per Ollie (oder anderem Trick) zu überwinden, wobei die Länge und das Material des Flatgaps unterschiedlich sein können. Generell gilt eine Lücke als Flatgap, wenn der Untergrund darin nicht befahrbar ist, also übersprungen werden muss – klassisch dafür sind Rasen, Pflastersteine oder auch Wasser.

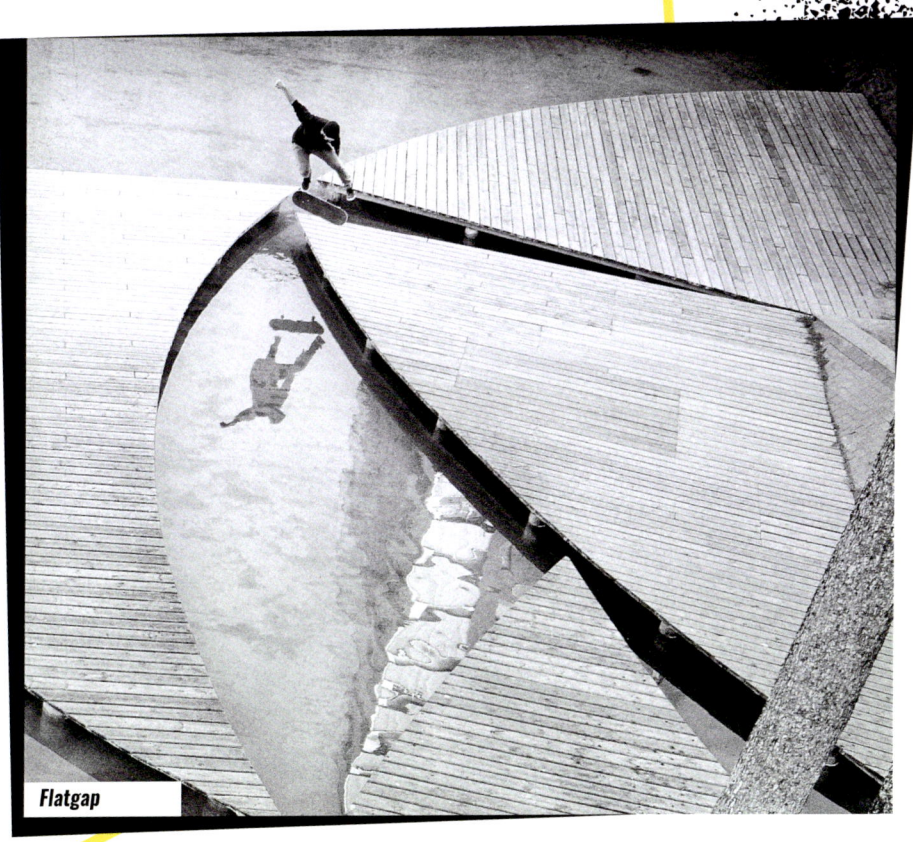

Flatgap

Als **Bank** bezeichnet man eine Schräge, die man hoch- und runterfahren kann. Meistens nutzen Skater eine Bank, um sie ca. zur Hälfte hochzufahren, einen Flat-Trick zu machen und wieder herunterzufahren oder um einen Grind bzw. Slide an der oberen Kante der Bank zu machen. Banks findet man in unserem Stadtbild ziemlich selten, in der spanischen Architektur und besonders in Großstädten wie Barcelona kommen diese wesentlich häufiger vor.

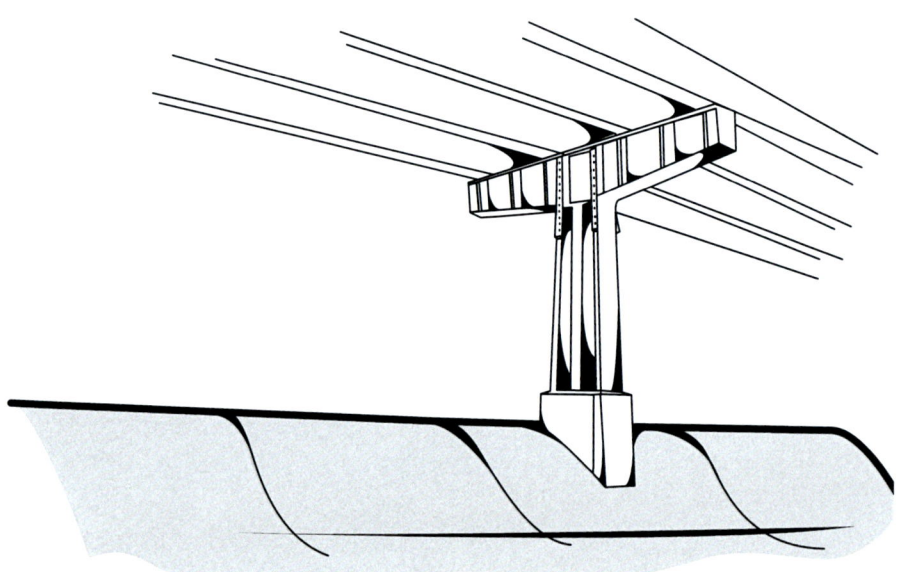

In Bild siehst du die weltbekannten Brooklyn Banks in New York. Ein legendärer Spot, den man leider heutzutage nicht mehr skaten kann.

Quarter-Pipe

Eine **Quarter-Pipe** ist ein Obstacle, das nach der Auffahrt in rundlicher Form nach oben führt und meist mit dem obersten Teil als Vertikale endet. Die Rundung der Quarter-Pipe bezeichnet man als Transition, was übersetzt so viel wie Übergang bedeutet. Das obere Ende, also die Kante der Quarter-Pipe, wird Coping genannt und eignet sich für Lip-Tricks und Grinds. Transitions und Quarter-Pipes gibt es, zumindest in Europa, ebenfalls äußerst wenige.

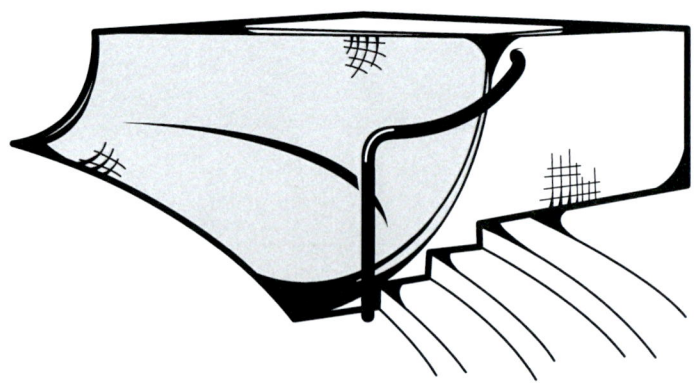

Das **Halfpipe-/Vert-Skaten** ist quasi eine Disziplin für sich. Doch das Vert-Skaten ist bereits vor dem Street-Skaten entstanden. In der Halfpipe werden größtenteils meterhohe Airs ausgeübt, und man sollte definitiv Schutzkleidung tragen. Eine Halfpipe hat eine Höhe zwischen 300 und 420 cm.

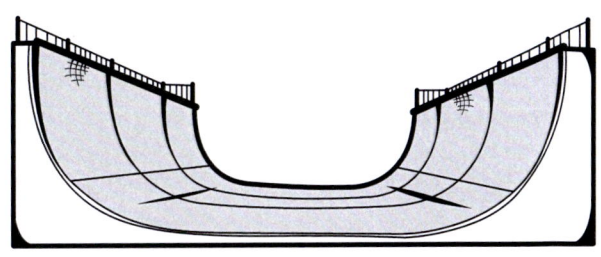

Eine **Miniramp** ist die kleine Ausführung einer Halfpipe und bietet weniger bzw. kaum Vertikale. Sie besteht aus zwei gegenüberstehenden Quarters und einem Mittelstück (Flat). Die Höhe einer Miniramp liegt meist zwischen 100 und 180 cm.

Gap

Als **Gap** bezeichnet man eine Lücke mit Weiten- und Höhenunterschied, welche es zu überwinden gilt. Treppenstufen können beispielsweise als Gap gefahren werden, indem man sie herunterspringt, oder auch Lücken zwischen Parkplätzen oder sonstigen öffentlichen Flächen. Zwar gibt es auch kleinere Gaps, insgesamt gilt das Herunterspringen als gefährlichste Handlung auf dem Skateboard, da das Verletzungsrisiko am höchsten ist. Daher solltest du auf dem Skateboard immer nur das probieren, was du dir wirklich zutraust und wobei du dich wohl fühlst. Safety first!

Ein **Handrail** ist ein Handlauf, der Stufen oder eine Bank hinunterführt. Handrails werden von Skatern zum Grinden oder Sliden benutzt, allerdings nur von denen, die deutlich fortgeschritten und erfahren sind. Unter den Obstacles ist das Handrail ungefähr die Königsklasse, das Verletzungsrisiko ist ähnlich wie beim Gap und Stufen-Herunterspringen, wenn nicht sogar noch etwas höher. Du kannst dir also vorstellen, dass das auf keinen Fall etwas für Anfänger ist, sondern eher für Skater mit jahrelanger Erfahrung. Bevor du auf ein Handrail springst, solltest du den Trick, den du machen willst, lange am Flatrail geübt haben und dort sehr sicher damit sein.

Ledge

Als **Hubba** oder **Ledge** bezeichnet man eine Curb, die schräg an Treppenstufen oder einer Bank herunter verläuft. Sie ist ein Stück höher als die Treppen oder die Bank an sich, da sie abseits der Skateboardwelt auch eher zum Abstützen beim Hinunterlaufen genutzt werden soll. Dies bietet sich zum Skaten jedoch super an, um die Kante zu grinden oder zu sliden. Auch hier ist jedoch äußerste Vorsicht geboten, es gilt ähnliches Verletzungsrisiko wie bei Gap und Rail.

Wie der Name **Hausdach** schon vermuten lässt, besteht ein solches Obstacle aus zwei aneinanderliegenden Schrägen. In der einen springst du ab, in der anderen landest du.

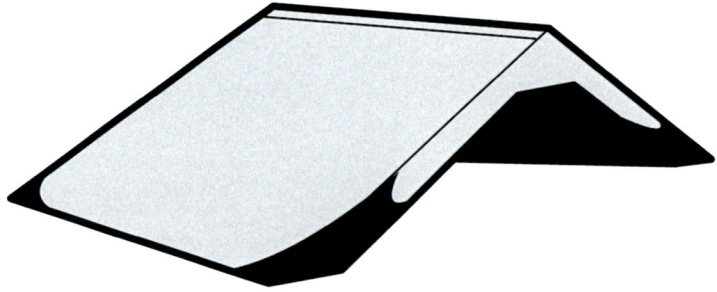

An einem so genannten **Pole** (einer Stange), der schräg aus dem Boden ragt, kann man einen Pole Jam verüben: Du fährst darauf zu, grindest mit möglichst viel Geschwindigkeit herauf und schanzt dich über das Ende des Poles hinaus. Solche Poles findet man oftmals in Form von angefahrenen Straßenpollern oder als DIY-Variante, bei der Skater eine Stange schräg in den Boden gesteckt oder wahlweise fest betoniert haben.

Als **London-** oder **Euro-Gap** bezeichnet man eine schräge Bank oder einen Kicker, aus dem man am oberen Ende herausspringt und auf einer höher liegenden waagerechten Plattform landet. Im Sprung überquerst du dabei ein Gap (eine Lücke).

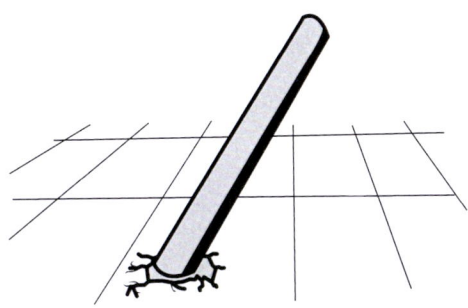

Pole

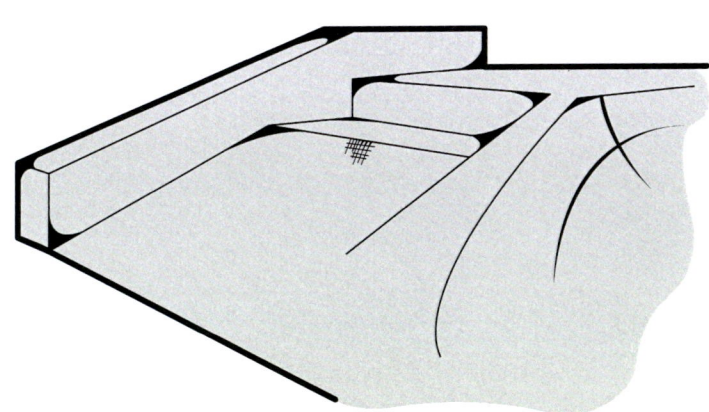

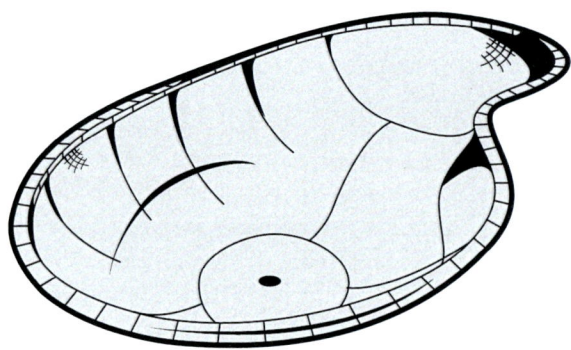

Das **Bowl**skaten kommt aus den kalifornischen Hinterhöfen, die oft leerstehende Pools zum Skateboardfahren bieten. Die hier abgebildete Form einer Niere (Kidney Bowl) ist ein Klassiker, jedoch gibt es alle möglichen Formen, die als Bowl dienen.

Als **Barrier** bezeichnet man eine Absperrungs-Barriere, wie man sie von Baustellen kennt. Diese Teile existieren in verschiedenen Formen und Materialien, von der bunten Plastik-Variante bis hin zum tonnenschweren Beton-Block. Besonders letztere eignen sich wunderbar, um **Wallrides** daran oder **Wallies** darüber zu machen, da sie meistens leicht abgeschrägt sind und somit einen guten Winkel zum Herauffahren bieten.

Wallie

Die Welt der Spots ist groß und vielfältig. Glücklicherweise ist Skateboarding an sich das auch und lässt viel Platz für persönlichen Geschmack. Ein Obstacle, was der eine unbedingt skaten will, mag ein anderer möglicherweise nie im Leben als Spot sehen. Das kommt vor, denn Skateboarding ist divers. Dementsprechend solltest du diese Auflistung und Beschreibung von Obstacles niemals als vollständig betrachten. Es ist eine ausführliche Liste der Grundtypen von Obstacles, welche jedoch offen für Ergänzungen ist und frei nach deinem persönlichen Geschmack erweitert werden kann. Mach also dein eigenes Ding und entdecke Neues, wenn dir danach ist!

INFO

In den Begrifflichkeiten gibt es zwischen den USA und dem deutschsprachigen Bereich folgende kleine, aber feine Unterschiede:

USA	**Deutschland/Österreich/Schweiz**
Euro Gap	London Gap
Ledge	Curb
Hubba	Ledge
Curb	Bordsteinkante

Barrier

LOCALS & UNGESCHRIEBENE REGELN AM SPOT

Wenn du an diesem Punkt des Buches angekommen bist, solltest du bereits das eine oder andere Mal aufgeschnappt haben, dass Skateboarding glücklicherweise keine von Regeln geplagte Sportart ist, sondern dass jeder sein Ding machen kann, wovon das Skateboarding überhaupt lebt. Keine Trainingszeiten, keine Schiedsrichter, keine Fehler, keine Grenzen.

Das ist definitiv ein großer Vorzug. jedoch wäre es auch falsch zu behaupten, dass wir als Skateboarder uns nie um Regeln kümmern müssen. An dieser Stelle gehen wir mal einen Schritt weiter und halten fest, dass es sogar Zeitpunkte und besonders Orte gibt, an denen wir uns unbedingt an Regeln halten müssen. Im folgenden Teil wollen wir dir ungeschriebene, aber jedem Skater bekannte Regeln näherbringen, die für dein Leben in der Skateboardwelt einfach grundlegend sind.

Jede größere Stadt hat mindestens einen Main-Spot: einen Platz, wo sich die Locals, also die ortsansässigen Skater so oft wie möglich treffen, warmfahren und abends abhängen. Besonders in Metropolen wie Berlin, Barcelona oder Paris sind dies meist bekannte Spots, die jeder Skater in seinem Leben unbedingt mal besucht haben will, da man sie aus Videos oder Magazinen kennt. Dementsprechend sind besonders im Sommer viele Touristen in der Stadt, die unter anderem zum Skaten da sind, und besonders die Main Spots werden meist ziemlich voll. Hier also ein paar Regeln, die an ziemlich jedem Skatespot gelten:

1. RESPEKTIERE DIE LOCALS

Der Spot gehört den Locals. Stell dir vor, dass die Locals in einigen Städten viel dafür getan haben, dass ein Spot entsteht, erhalten bleibt oder das Skaten dort überhaupt toleriert und akzeptiert wird. Es ist also wichtig, dass du ihnen Respekt zeigst, kleine Gesten wie z. B. ein freundliches »Hallo!« beim Ankommen gehören einfach dazu.

2. DIE LOCALS HABEN VORFAHRT

Die Locals sind oft an ihrem Spot und fahren ihn vielleicht etwas anders, als du es dir zunächst vorstellen kannst. Sie drehen Runden, fahren schnell und vielleicht etwas aggressiv. Schau dir an, wer wie skatet, und versuche, nicht das nervige Kiddie zu sein, das im Weg steht. Sowas passiert, das wird dir auch keiner übelnehmen, solange du dich höflich entschuldigst und nicht ständig im Weg stehst.

3. BENIMM DICH

Wenn mal ein Obstacle nicht so grindet oder slidet, wie du es dir vorstellst, solltest du es nicht einfach mit kiloweise Wachs einschmieren. Schau erstmal nach, ob die anderen Skater auch Probleme mit dem Rutschen haben, und frage lieber jemanden, ob es okay ist, wenn du beispielsweise das Curb etwas einwachst.

Sachen wie Rumschreien, Ausrasten, Board Rumschmeißen oder In-die-Ecke-Spucken gehören ebenfalls nicht an den Spot – solche Verhaltensweisen sind einfach nicht gern gesehen, auch wenn der eine oder andere Profi das in einem Video, was du schon mal gesehen hast, vielleicht vormacht.

4. NIMM DEINEN MÜLL MIT

Den Spot sauberzuhalten, ist sehr wichtig. Ein mit Müll überladener Platz sieht nicht nur doof aus, sondern kann auch ganz schnell dazu führen, dass Skater vertrieben werden. Denk an die Passanten und die Locals, die freuen sich, wenn jemand umsichtig ist und vielleicht auch mal etwas Müll wegräumt, den er nicht selbst verursacht hat.

All das klingt, als wäre die Straße ein hartes Pflaster. Ist sie auch. Aber generell sind wir alle Skater, und auch die Locals werden nett zu dir sein. Behalt einfach im Hinterkopf, dich freundlich und respektvoll zu verhalten, und du wirst an jedem Spot auf der Welt eine super Session mit allen Locals haben.

SKATEBOARDING FILMEN

Die mediale Dokumentation von Skateboarding gehört dazu wie das Griptape auf's Deck. Gerade heute, in Zeiten von Instagram und Facebook, kommt man quasi gar nicht mehr drum herum, sich Skateboarding digital anzuschauen.

Das ist einerseits cool, denn man sieht immer direkt die allerneusten Clips, die krassesten Fotos und die verrücktesten Tricks. Andererseits kann es schnell passieren, dass diese mediale Überflutung zu einer Überdosis führt. Besonders am Anfang ist es jedoch super-hilfreich, auf eine breite Masse von Skate-Clips zugreifen zu können, denn diese können dir viel Motivation und Ansporn liefern, selbst rauszugehen und neue Tricks zu lernen. Du kannst dir vieles abgucken und herausfinden, auf was für einen Style du am meisten abfährst. Den Skatevideos haben wir vermutlich sogar das hohe Level und die stetige Entwicklung im Skateboarding zu verdanken.

Es ist also super, wenn du dich von Clips und Videos inspirieren lässt. Nach deinen ersten Erfolgen, Props und Beifall von deinen Homies möchtest du bestimmt auch irgendwann gerne sehen, wie dein eigener Ollie, Kickflip oder Noseslide so aussieht. Es liegt also völlig nahe, dass du deine eigenen Moves und natürlich die deiner Kumpels festhalten willst, um sie genauer unter die Lupe zu nehmen. Denn von der ersten Line bis zum größten Banger wirst du merken, dass du dich etwas mehr anstrengst und mehr Herzblut reinsteckst, sobald eine Linse auf dich gerichtet ist.

An dieser Stelle wollen wir zwischen ein paar Sekunden langen Social-Media-Clips und richtigen Skatevideos unterscheiden. Hinter einem echten Skatevideo steckt nämlich deutlich mehr, als einfach das Smartphone aus der Tasche zu holen und ein wackeliges Filmchen, vollgestopft mit Zeitlupen und Filtern, zu drehen. Letzteres ist zwar cool, um hier und da mal einen kleinen Trick zu dokumentieren, doch ein ordentlicher Clip ist einfach deutlich wertvoller. Im folgenden Abschnitt erklären wir, wie du solide in die Welt des Skateboard-Filming einsteigen kannst.

Was du zunächst brauchst, ist eine Kamera. Bei der Wahl dieser sind die Möglichkeiten schlichtweg unbegrenzt: Je nach Vorlieben und Budget gibt es viele Modelle, die sich sehr gut eignen, um Skateboarding zu filmen. Vielleicht hast du ja sogar Glück, und deine Eltern, Geschwister, einer deiner Kumpels oder dein Hund besitzt eine Kamera, die du benutzen kannst. Falls das nicht der Fall ist und du also zwangsweise Geld ausgeben (oder sie dir schenken lassen) musst, sollen hier zwei geeignete Kamera-Setups vorgestellt werden.

Die erste Möglichkeit ist ein DSLR-Setup. So ziemlich alle digitalen Spiegelreflex-Kameras (DSLRs) haben heutzutage einen Video-Modus, der sich durchaus sehen lassen kann. Mit einer dieser kompakten Kameras kannst du in HD-Qualität, also mit hoher Auflösung, filmen. Filmen in HD ist so äußerst erschwinglich geworden, Einsteiger-DSLRs gibt es ziemlich günstig im Elektronikmarkt oder noch günstiger gebraucht im Internet zu kaufen. Die Wahl des Modells ist dabei tatsächlich eher zweitrangig – im Einsteiger-Segment ist die Qualität sehr ähnlich. Neben dem Kamera-Body benötigst du außerdem ein Objektiv zum **Longlense**-Filmen; da empfiehlt sich für den Anfang eine 18–55 mm-Linse, die zu den meisten Bodys standardmäßig dazu gehört.

Außerdem empfiehlt sich ein **Fisheye**-Objektiv, welches den klassisch verzerrten Skatevideo-Look bringt. Wichtig ist, dass du nicht jeden Trick mit dem Fisheye filmst – aber für Lines eignet sich das Teil definitiv wunderbar, und einige Spots sehen damit einfach besser und größer aus.

Damit das DSLR-Setup auch gut in der Hand liegt, solltest du dir zusätzlich einen Griff dafür besorgen, welchen man Handle nennt. Dieser ermöglicht ebenfalls eine stabilere Kameraführung beim Filmen von Lines.

Die zweite äußerst geeignete Möglichkeit für das Skateboard-Filming ist eine Kamera aus der Sony VX-Reihe.

Die Sony VX1000 gilt als DIE Skateboardingkamera seit Mitte der 90er Jahre, ihr Einsatzgebiet verkleinert sich allerdings seit dem Markteintritt von erschwinglichen HD-Kameras immer mehr. VX-Videomaterial hat etwas Raues, Pures und Echtes, was laut vielen Stimmen aus der Skateboardwelt einfach supergut zum Skateboarding passt; außerdem liegt sie u.a. wegen dem fest installierten Griff wesentlich besser in der Hand. Zwar ist die Technik und Aufnahmemethode auf Tapes etwas veraltet, der Look des Videomaterials (besonders in Verbindung mit einem MK1 Fisheye) bleibt allerdings unberührt, weshalb sie auch heute noch von vielen Skateboard-Filmern eingesetzt wird. Ein Nachteil, den die Kamera mit sich bringt, ist das fehlende Display, weshalb die VX für den Anfang nicht ideal ist. Wer jedoch einmal mit ihr umzugehen weiß, wird das Display nie vermissen. Insgesamt ist eine VX fortgeschrittenen Filmern zu empfehlen, die sich schon etwas mit der Technik auskennen.

...und wenn die Kohle für keines von Beidem ausreicht, tut es natürlich auch erstmal das Smartphone, das hat ja heutzutage so gut wie jeder. Selbst dafür gibt es mittlerweile Fisheye-Linsen, die zwar eher Spielerei sind – aber hey: besser als nichts. Und falls du kein Smartphone besitzt, dafür aber Lust auf klassischen Look deines Videomaterials: Super! Wer braucht schon das neueste Handy, wenn man mit einer ordentlichen Kamera filmen kann?!

Insgesamt ist es nicht so wichtig, welches Gerät dir in die Hände fällt. Nicht die Kamera ist verantwortlich für eine gute Aufnahme, sondern der- oder diejenige, welcher sie bedient.

Letztendlich musst du dir natürlich überlegen, inwiefern sich die Anschaffung einer Kamera lohnt. Wenn du super motiviert bist, mit deinen Jungs und/oder Mädels coole Clips oder sogar ein Full-Length-Video zu machen, solltest du allerdings keinesfalls zögern und die Anschaffung wagen – Spaß und Freude bringt das Filmen und Begutachten des Videomaterials auf jeden Fall.

SKATEBOARDING FOTOGRAFIEREN

Fotos sind im Skateboarding ein ebenso wichtiger Bestandteil wie Videos. Das beste Beispiel dafür hältst du gerade in den Händen – ohne Bilder wäre der Skateboard Guide doch maximal halb so spannend. Ein gutes Skatefoto hat etwas Magisches: Es friert den Moment ein, in dem der Trick am schönsten ist, und macht ihn damit haltbar. Wie das funktioniert und was du beachten musst, um ein ansprechendes Skatefoto zu schießen, wollen wir dir an dieser Stelle näherbringen.

Tele

Fisheye

Wer denkt, dass die Grundlage für ein gutes Foto eine teure Profi-Kamera ist, liegt knallhart daneben. Generell gilt, dass man mit jeder Kamera ein faszinierendes Foto schießen kann. Bei der Anschaffung sollte man lediglich beachten, dass die Kamera über manuelle Einstellmöglichkeiten und wechselbare Objektive verfügt – jede DSLR ist zum Beispiel bestens geeignet und relativ günstig im Elektronikmarkt oder gebraucht im Internet zu bekommen. Auch in der Fotografie unterscheidet man grob zwischen **Longlense** und **Fisheye**. Das obige Beispiel zeigt die unterschiedliche Wirkung der beiden Objektive: Zwar ist der Inhalt des Fotos genau derselbe, jedoch wirkt das ganze Bild durch die Verzerrung und die Nähe zur Action komplett anders.

Anders als beim Filmen ist ein Fisheye zum Fotografieren nicht zwangsweise nötig; besonders für Foto-Anfänger empfiehlt es sich, zunächst alle technischen Grundlagen durch Longlense-Fotos zu lernen. Auf alle technischen Details einzugehen, die wichtig sind, würde an dieser Stelle den Rahmen sprengen. Die wichtigste Faustregel für Skatefotos ist relativ einfach: Wähle immer eine möglichst kurze Verschlusszeit, um die Action im Bild einzufangen. Die folgenden Tipps sollen dir ebenfalls helfen, das Bild möglichst spannend zu gestalten.

1. Der Skater, das Board und der Spot sollten komplett auf dem Foto zu sehen sein. Schneidest du beispielsweise ein Körperteil mit dem Bildrand ab, sieht das äußerst seltsam aus; achte also darauf, dass die Action etwas Platz hat in deinem Bildaufbau.

2. Positioniere den Skater und die Action möglichst nicht in der Mitte des Bildes, sondern eher im goldenen Schnitt. Das ist wesentlich spannender für das betrachtende Auge.

3. Versuche, eine klare Perspektive zu finden. Ist der Bereich hinter dem Skater im Bild unruhig, sticht die Action nicht wirklich heraus. Den Skater vor einem ruhigeren Hintergrund zu positionieren, lenkt den Blick deutlich mehr auf das Geschehen.

Folgendes Beispiel verdeutlicht, was gemeint ist:

negativ

positiv

Auch hier gibt es natürlich keine festen Regeln, die ein gutes Foto ausmachen. Betrachte die Tipps eher als grobe Empfehlung und versuche, deinen eigenen Stil beim Fotografieren zu finden.

KÖRPER VS. SKATEBOARDING

Auch wenn das Skateboarding im weitesten Sinne ein Sport und Sport bekanntlich gut für den Körper ist, trifft das beim Skateboarding nur bedingt zu – im Titel dieser Rubrik steht bewusst »vs.«. Denn das Verletzungsrisiko und die Belastung des Körpers sind beim Skateboarding ganz klar ziemlich hoch. Mit ein paar Tipps und Tricks zu Vorbeugung und Genesung kannst du deinen Körper jedoch gut entlasten und die Risiken minimieren.

Die häufigsten Verletzungen beim Skaten sind Bänderdehnungen, Schürfwunden und Fersenprellungen. Schnell landet man mal neben dem Board, muss sich mit den Händen abfangen oder knickt um.

Besonders letzteres ist typisch und kommt nicht selten vor; Bänderdehnungen oder -risse sind meist die Folge, und dann heißt die Devise: Auskurieren. In solch einem Fall sollte man unbedingt auf den Arzt seines Vertrauens hören, viel kühlen und das betroffene Bein hoch lagern, wenn möglich schon unmittelbar nach dem Umknicken. Bis man wieder auftreten und richtig laufen kann, dauert es meist mehrere Wochen, die man dem Körper aber zur Regeneration unbedingt Zeit lassen sollte.

Sobald der Fuß wieder funktioniert, empfiehlt es sich, die Muskeln zu trainieren, um sie wieder aufzubauen und zu stärken, damit eine erneute Verletzung vermieden wird. Eine Übung, die sich dafür sehr gut eignet, ist das einbeinige Stehen auf der geschwächten (und wahlweise auch der anderen) Seite. Stell dich vorsichtig auf das schwache Bein und übe, diese einfache Haltung eine Weile beizubehalten. Klappt das gut, kannst du dich auf einen wackligeren Untergrund stellen, um den Schwierigkeitsgrad zu erhöhen. Dafür eignet sich ein Balancekissen oder Balance Board bestens; die Anschaffung eines solchen will ich an dieser Stelle wärmstens empfehlen.

Alternativ kannst du dich auch einbeinig auf die Couch oder dein Bett stellen, ein Balancekissen oder -board ist jedoch effektiver. Auch ohne Verletzung empfiehlt es sich, diese Übungen zu machen, um dem Umknicken vorzubeugen und das Verletzungsrisiko zu minimieren.

Verletzungen passieren oftmals aufgrund von mangelnder Konzentration – versuch also immer, dich beim Skaten voll und ganz auf den Trick zu konzentrieren und nicht leichtsinnig zu werden.

Balancekissen

Massage mit der Blackroll

Weiterhin helfen ein paar Dehnübungen, die du vermutlich noch aus dem Sportunterricht kennst, nach einer langen Session, um einem Muskelkater vorzubeugen. Falls es doch einmal zu solchem kommt: Gegen Muskelverhärtungen hilft die Massage der betroffenen Stelle mit einer sogenannten Blackroll oder alternativ einem anderen harten, rollbaren Gegenstand, z. B. einer Hartplastikflasche. Drück beim Rollen fest auf oder stütz dich mit deinem eigenen Gewicht darauf. Wenn du es richtig machst, schmerzt das zunächst ziemlich, lockert aber das Gewebe und beschleunigt die Heilung des Muskelkaters.

Dass außerdem eine gesunde und ausgewogene Ernährung empfehlenswert ist, muss eigentlich nicht extra erwähnt werden, oder? Besonders während einer Verletzung ist eine ausgewogene Ernährung sehr wichtig, während Alkohol den Genesungsprozess zusätzlich verzögert und somit alles andere als förderlich ist – ist klar. Also, generell und besonders während einer Verletzung: viel Obst und Gemüse, wenig Tiefkühlpizza und Cola. Eigentlich ganz einfach!

Schlussendlich klingt das alles ganz schön brutal – allerdings gehen wir davon aus, dass Skateboarding nicht unbedingt gefährlicher ist, als andere Sportarten. Positiv ist dabei, dass du selbst für deine Handlungen verantwortlich bist und Fremdeinwirkung so gut wie ausgeschlossen werden kann. Verglichen mit Fußball wirkt Skateboarding sogar relativ harmlos, denn wenn dir auf dem Bolzplatz der Gegenspieler völlig übermotiviert in die Beine grätscht und du dich verletzt, kannst du selbst nicht einmal etwas dafür und liegst trotzdem flach.

SKATEN IM WINTER

Winter und Skaten, das passt leider gar nicht gut zusammen. Sobald die Tage kürzer und der Boden zunehmend feuchter wird, gestaltet sich das Skaten draußen ziemlich schwierig. Doch keine Angst, du musst jetzt nicht den ganzen Winter auf der Couch verbringen und auf den Frühling warten – es gibt ein paar Alternativen, wie du Skateboarding doch mit dem Winter vereinbaren kannst.

Am angenehmsten ist natürlich eine Skatehalle. Mit etwas Glück gibt es in deiner Nähe einen solchen fetten überdachten Skatepark, der das ganze Jahr fahrbar ist. Doch eine Halle hat auch ihre Nachteile: Meist kostet sie Eintritt (logisch, denn beim Betrieb einer solchen entstehen immense Kosten), der Park ist oftmals überfüllt, und die Öffnungszeiten sind auch selten optimal. Dennoch ist eine Skatehalle wahrscheinlich die beste Möglichkeit, den Winter auf dem Skateboard zu überstehen.

Zwar gibt es in Deutschland, Österreich und der Schweiz einige Hallen, jedoch hat nicht jeder das Glück, im Umkreis eine davon zur Verfügung zu haben. Das ist zwar schade, jedoch ist damit Skaten im Winter nicht gänzlich unmöglich.

So kannst du Ausschau nach überdachten, trockenen Unterführungen oder U-Bahn-Stationen halten, um dort zumindest etwas Flat zu Skaten.

Falls Ihr eine motivierte Crew seid, könnt Ihr außerdem selbst Obstacles kaufen oder bauen und diese in einen Unterschlupf Eurer Wahl stellen. Doch Vorsicht: Offiziell erlaubt ist das Ganze nicht, deswegen solltet Ihr Euch eine Unterführung suchen, in der so wenig wie möglich los ist, und Eure Obstacles natürlich immer wieder mitnehmen, nicht stehen lassen.

Wenn dein Heimatort absolut gar nichts Skatebares für den Winter zu bieten hat und die nächste große Stadt nicht gerade um die Ecke ist, kannst du dir ja überlegen, einen Skate-Trip zu starten. In vielen südlichen Ländern lässt es sich auch im Winter gut aushalten, Flüge sind heutzutage echt günstig. Sieh dir für mehr Tipps den Abschnitt »Travelling« an!

Falls dein Portemonnaie das nicht erlaubt, kannst du vielleicht – je nachdem, wo du wohnst – alternativ mit dem Snowboarden oder Snowskaten anfangen. Bau dir einen Kicker oder Ähnliches aus Schnee an einen kleinen Hang, und Spaß ist garantiert. Das sind zwar jeweils neue Sportarten, die sich vom Skateboarding unterscheiden, aber beides sind durchaus gute Alternativen, um den Winter trotzdem irgendwie auf einem Board zu verbringen.

Auch andere Sportarten, wie Schwimmen oder Laufen, empfehlen sich für die dunkle Jahreszeit. Sportarten neben dem Skaten halten dich nämlich fit, ein Ausgleichssport macht durchaus Sinn.

Du siehst also, selbst im letzten Dorf ohne Skatehalle lässt sich der Winter aktiv (über-)leben. Solange du also etwas kreativ und eventuell offen für Alternativen zum Skaten bist, ist auch der längste Winter schnell vorbei. Und umso schöner ist das Gefühl, im Frühling das erste Mal im T-Shirt aufs Board zu steigen …

Einer der wundervollsten Aspekte des Skateboarding ist, dass du dadurch früher oder später faszinierende Orte sehen wirst. Sobald du den Ollie beherrschst und die Sackgasse, in der dein bester Kumpel wohnt, in- und auswendig kennst, wirst du neugierig darauf werden, Neues mit dem Skateboard zu erkunden. Von diesem Augenblick an werden sich die Grenzen immer weiter ausdehnen: neue Spots, neue Tricks, neue Leute. Reisen ist das Tollste und bringt dich in vielerlei Hinsicht weiter – du lernst unglaublich viel über Land, Leute, dein Skaten und dich selbst, und das ganz nebenbei.

DEUTSCHLAND

Jeder träumt natürlich von einem Trip in den Süden, aber auch innerhalb Deutschlands gibt es einiges an skatebarer Architektur zu entdecken. In den Frühlings- und Sommermonaten sind wir hierzulande mit ziemlich gutem Wetter gesegnet, es regnet wenig, und die Sonne scheint häufig – perfekte Bedingungen also für einen Trip im eigenen Land.

Gute Spots findet man vor Allem in den Metropolen wie Berlin, Frankfurt, Hamburg, München, Köln und Stuttgart, wo die jeweilige Skate-Szene ebenfalls dementsprechend ausgeprägt ist. Besonders Berlin hat sich in den letzten Jahren zu einer Art Skateboard-Hauptstadt entwickelt; dort sprießen Trends, Spots und Möglichkeiten förmlich aus dem Boden, und im Sommer gibt es zahlreiche Events rund ums Skateboarding zu erleben.

Innerhalb Deutschlands zu reisen ist dank Fernbussen, Bahn und relativ kurzen Entfernungen ziemlich einfach. Also pack deine Crew ein und schwing dich für einen Wochenend-Trip oder eine längere Tour in die nächste Großstadt.

EUROPA

Auch das Land zu verlassen und einen Skateboard-Trip innerhalb Europas zu organisieren, ist heute einfacher und günstiger denn je. Es braucht nur ein wenig Willenskraft, etwas Bares und ein paar motivierte Homies, dann sind Flüge in Richtung Paradies sowie Apartment im Handumdrehen gebucht – frei nach dem Motto »einfach mal machen«.

Seit es Billigflieger gibt, kann man besonders innerhalb Europas superschnell, direkt und vor allem für sehr wenig Geld verreisen. Ein Flug nach Barcelona z. B. kostet aus einigen Städten Deutschlands ca. 100,- € hin und zurück; wer besonders früh bucht oder eine Aktion erwischt, bekommt einen noch besseren Preis. Im Internet findet man viele Flugpreisvergleiche (z. B. Skyscanner), die dabei helfen, den passenden Flieger in die Sonne zu einem angenehmen Preis zu finden.

Ähnliches gilt für die Unterkunft: Teure Hotels sind für einen Skate-Trip nicht nötig, auf Seiten wie AirBnb findet man sehr schöne Zimmer und Wohnungen von privat für extrem wenig Geld. Zwar sucht man ein üppiges Hotelbuffet vergebens, aber Selbstversorgung macht sowieso mehr Spaß und lohnt sich preislich allemal.

Außerdem findet man im Internet zahlreiche Karten mit genauen Adressen und Bildern der Spots in Deutschland, Europa und auf der ganzen Welt (z. B. skhateyou.com).

Es gibt also wenige Gründe, die dagegensprechen, seine Ferien auf dem Board in einer europäischen Großstadt zu verbringen. Du wirst es lieben, die berühmten Spots zu skaten, die du vielleicht schon aus Skatevideos und -magazinen kennst.

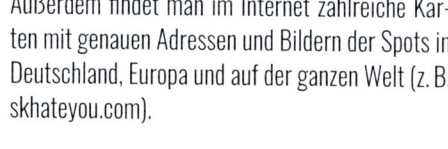

KALIFORNIEN UND DIE USA

Kalifornien ist die Geburtsstätte des Skateboardings und somit auch die Heimat der meisten Companys im Business. Der Großteil aller Profis lebt in diesem Staat der USA, denn um es in diesem Geschäft zu etwas zu bringen, führt kaum ein Weg daran vorbei. Aber wieso auch nicht? Endlose Sommer, Palmen und perfekte Wellen zum Surfen. Und auch in Sachen Skateparks und Spots von San Diego bis San Francisco kann es einen definitiv schlimmer erwischen.

Die USA sind jedoch nicht gleich Kalifornien. Das Land ist riesengroß, und im Inland und an der Ostküste gibt es eine riesige eigene Skateboard-Kultur; Ditches in Arizona, raue Street Spots in New York und endlose Downhills in San Francisco.

Ein Trip in die USA ist für uns Europäer allerdings mit etwas mehr Aufwand verbunden: Die Distanz ist extrem, die Flüge sind teuer, und vor Ort braucht man meist ein Auto, um herumzukommen. Die Staaten sind zum Skaten definitiv eine Reise wert, für diese solltet Ihr Euch jedoch Zeit mit der Planung lassen und diese antreten, wenn Ihr mindestens Anfang 20 seid.

ASIEN

Ebenso wie in den anderen Bereichen der Wirtschaft befindet sich Asien auch im Skateboarding auf der Überholspur. Die zahlreichen Plazas und Spots, welche gefühlt im Sekundentakt gebaut werden, sind äußerst einladend für Pro-Teams aus der ganzen Welt.

Generell kann man sagen, dass es nirgendwo auf der Welt so viele und perfekt skatebare Curbs, Ledges, Manualpads, Banks und Stufen gibt wie in Asien; besonders China bietet unfassbare Spots.

Dadurch wächst auch die eigene Szene stetig und bekommt immer größere Bedeutung. Jedoch sollte man nicht vergessen, dass die Kultur, das Klima und das Essen sich stark von den Bedingungen in Europa unterscheiden; für unseren Körper ist der asiatische Raum zunächst meist ungewohnt. Eine Reise ins ferne Asien ist ebenfalls nicht günstig, wobei der Flug das Komplizierteste und Teuerste ist. Das Leben vor Ort ist meist sehr günstig – umso länger der Aufenthalt also ist, umso mehr lohnt sich der Trip.

Du siehst also, dass die Welt für Skateboarder eine Menge zu bieten hat. Je nach Budget gibt es endlos viele Städte, Kulturen und Spots zu erkunden – und völlig egal, ob du nach Los Angeles, Peking, Barcelona oder Warschau reist: als Skater lernst du Land und Leute immer auf eine sehr besondere Art und Weise kennen, welche sich dem »normalen« Touristen oftmals nicht ergibt. Du treibst dich nicht nur an den Touri-Plätzen und Sehenswürdigkeiten rum, sondern begibst dich das eine oder andere Mal auch in Stadtviertel, die fernab des Wohlstandes liegen, wo du auf die »echte« Bevölkerung triffst.

Es ist verblüffend, wie unterschiedlich Menschen auf der ganzen Welt auf Skateboarding reagieren können. Da vielen auch einfach das Verständnis fehlt, warum du da jetzt mit deinem Brett so viel Krach machst, solltest du natürlich auf den gesunden Menschenverstand hören und einen Rückzug machen, wenn Ihr nicht willkommen seid. Generell wird dir dein Skateboard aber viele Möglichkeiten und Wege eröffnen und vielen Menschen ein Lächeln ins Gesicht zaubern, wenn du mit Herz und Seele dabei bist.

Also, raus aus dem Haus, rauf auf die Straßen dieser Welt! Viel Spaß beim Reisen, Entdecken und vor allem beim Skaten!

CONTEST-DISZIPLINEN

Ein Skateboard-Wettbewerb (Contest) wird nicht zwingend veranstaltet, um auszumachen, wer der Beste ist. Denn was gut ist, wird unter Skateboardern sowieso äußerst subjektiv entschieden. Viele Aspekte, wie Style, Menge und Härte der Tricks, fließen alle in die Bewertung zusammen, und Geschmäcker sind vor allem in Stilfragen bekanntlich verschieden.

Daher werden Skateboard-Contests mehr als eine Art Familientreffen gesehen, wo gemeinsam geskatet und gefeiert wird. Doch bei den Summen, die manche Gewinner eines internationalen Contests erwarten, kann man eine gewisse Professionalität durchaus nachvollziehen.

Die Disziplinen im Skateboarding haben sich im Groben zu Transition und Street entwickelt. Als Transition bezeichnet man Contests in der Vert, also einer Halfpipe, oder im Bowl, dem Pool, der heutzutage sehr beliebt geworden ist. Erfahrene Skateboarder aus dem Halfpipe-Bereich nehmen auch gerne an Wettbewerben in der Mega-Ramp, die einer Snowboard-Schanze ähnelt, teil.

Street-Contests finden in Skateparks oder auf speziell gestalteten Flächen mit Street-Obstacles, wie Banks, Quarters, Rails und Ledges, statt.

DER ABLAUF

So ein Skateboard-Contest kann in verschiedenen Formaten stattfinden. Zum einen können die Fahrer eigene Runs à z. B. eine Minute bekommen, oder sie fahren in einer sogenannten Jam-Session mit mehreren Skateboardern gleichzeitig. Von solchen Runs kann es mehrere geben, mit einem Ausschlussverfahren (Viertel-, Halb-Finale, Finale) oder einer Punktebewertung, mit Platzierungen. Alternativ gibt es auch einen Best-Trick- oder Cash-for-Tricks-Contest, in dem die besten Tricks – direkt nachdem sie gestanden wurden – mit Cash oder Stuff belohnt werden.

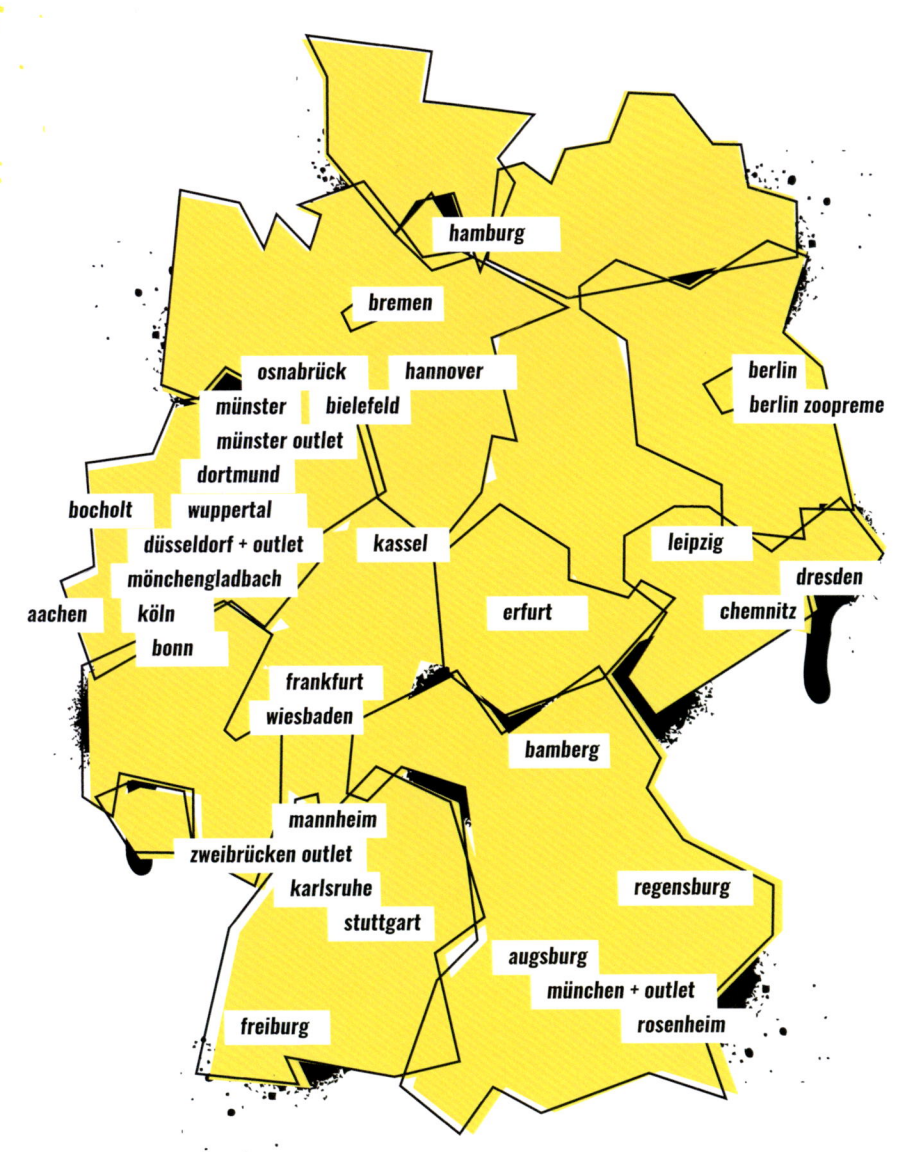

GLOSSAR

A
Achsstift: siehe Erklärung auf Seite 20

B
Backside/BS: siehe Erklärung auf Seite 36
Baseplate: Basisplatte, die am Deck verschraubt wird; siehe auch Erklärung auf Seite 19
Basic Wheel: siehe Erklärung auf Seite 22
Bearing: Kugellager
Bowl: siehe Erklärung auf Seite 116
Bushing: Lenkgummi

C
Canvas: Leinen, häufig als Obermaterial bei Schuhen verarbeitet
Concave: Querbiegung des Decks
Core Wheel: siehe Erklärung auf Seite 22
Cup-Sohle: siehe Erklärung auf Seite 27

D
Deck: anderes Wort für Board oder Brett
Drop In: siehe Erklärung auf Seite 76/77

F
Fisheye: Dieses spezielle Objektiv verzerrt das Bild in kreisrunder Form, während es sehr weitwinklig ist. Es empfiehlt sich also, mit dem Fisheye aus nächster Entfernung zu filmen bzw. fotografieren.
Flatspot: flache Stelle an der Rolle
Frontside/FS: siehe Erklärung auf Seite 36

G
Goofy: rechter Fuß steht vorne auf dem Deck; siehe auch Erklärung auf Seite 36
Griptape: siehe Erklärung auf Seite 13

H
Hanger: Teil der Achse, an dem die Rollen und Kugellager befestigt sind; siehe auch Erklärung auf Seite 19
High-Cut: hochgeschnittener Schuh
Hollow: beschreibt den Hohlraum des Achsstifts oder Kingpins

K
Kingpin: große Schraube, die Hanger und Bushings an der *Baseplate* fixiert; siehe auch Erklärung auf Seite 19
Kugellager: siehe Erklärung auf Seite 23

L
Lenkgummis: siehe Erklärung auf Seite 19

Longlense: eine Variation von Perspektiven, bei denen das Objekt mit etwas Abstand aus einem natürlichen Blickwinkel gefilmt oder fotografiert wird
Low-Cut: niedriggeschnittener Schuh

M

Mid-Cut: knöchelhoch geschnittener Schuh
Mongo-Push: siehe Erklärung auf Seite 37

N

Nose: vorderer Teil des Decks; siehe auch Erklärung auf Seite 11

P

Pivot-Kappe: Kunststoffhülse, in die der Pivot gesteckt wird
Pivot: Metallstift am Hanger, der in die *Baseplate* gesetzt wird; siehe auch Erklärung auf Seite 20
Pushen: siehe Erklärung auf Seite 37

R

Regular: Der linke Fuß steht auf dem Brett vorne; siehe auch Erklärung auf Seite 36

S

Setup: beschreibt die Gesamteinheit von Achsen, Rollen, Kugellager, Griptape, Deck und Montagesatz
Shaped Deck: siehe Erklärung auf Seite 11f.
Shield: Abdeckkappe der Kugellager; siehe auch Erklärung auf Seite 23
Skate-Tool: Werkzeug für alle Komponenten des Setups
Slide: bezeichnet das Entlangrutschen mit dem Deck an Rails oder Kanten
Slim-Wheels: siehe Erklärung auf Seite 23
Speed Cream: Schmiermittel der Firma Bones Bearings für Kugellager
Speed Rings: siehe Erklärung auf Seite 20
SPF: Skatepark Formula
Stance: Fußstellung auf dem Board
Suede: Wildleder, häufig als Obermaterial bei Schuhen verarbeitet
STF: Street Tech Formula

T

Tail: hinterer Teil des Deck; siehe auch Erklärung auf Seite 11
Transition: Übergang vom Flat in eine Quarter- oder Halfpipe
Truck: Achse

V

Vulkanisiert: siehe Erklärung auf Seite 27

W

Wheelbase: siehe Erklärung auf Seite 11
Wheelbite: abruptes Stoppen, das durch die Berührung zwischen Rolle und der Board-Unterseite entsteht

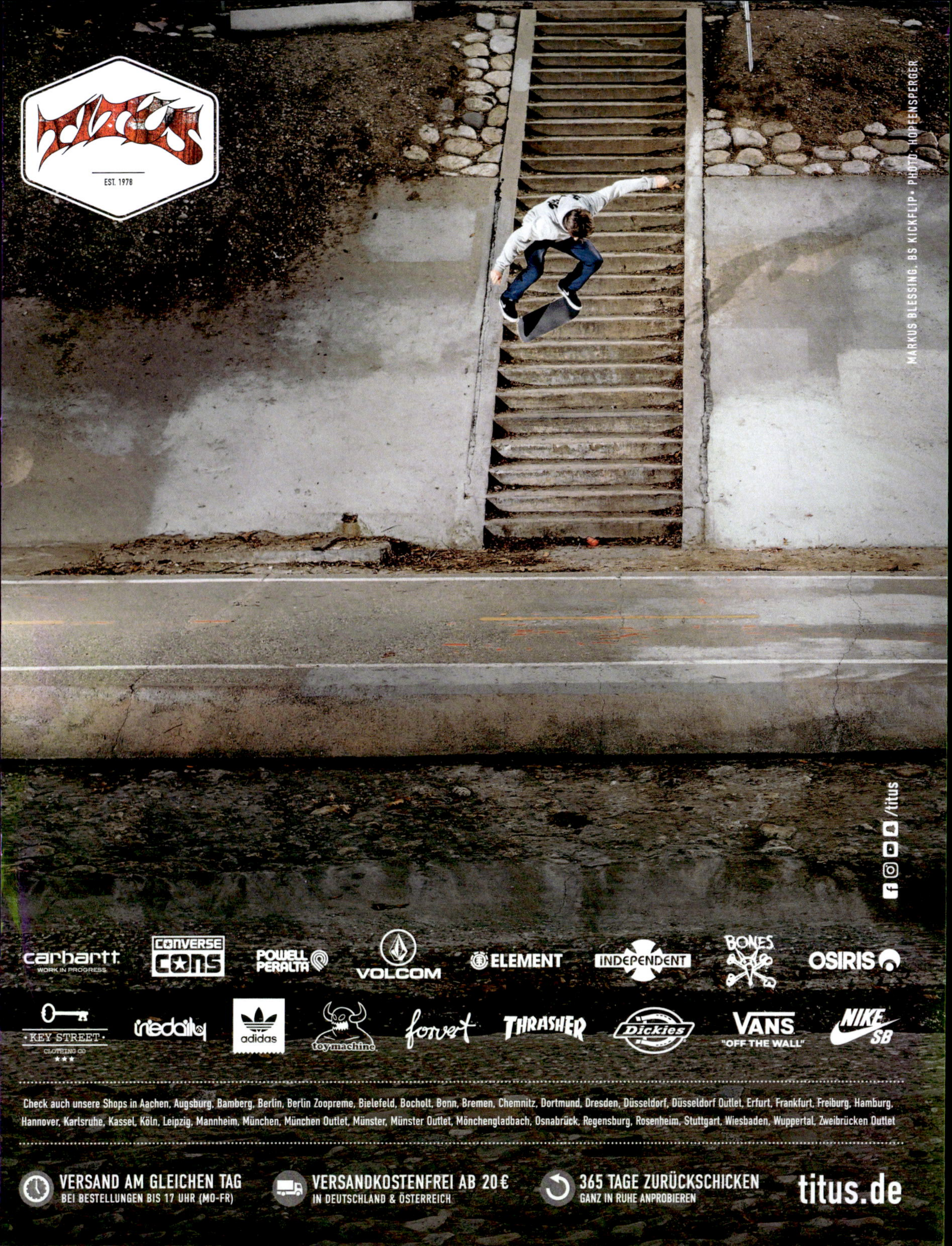
EST. 1978
MARKUS BLESSING, BS KICKFLIP • PHOTO: HOPFENSPERGER
/titus
carhartt WORK IN PROGRESS
CONVERSE CONS
POWELL PERALTA
VOLCOM
ELEMENT
INDEPENDENT
BONES
OSIRIS
KEY STREET CLOTHING CO
triedaily
adidas
toy machine
forvert
THRASHER
Dickies
VANS "OFF THE WALL"
NIKE SB
Check auch unsere Shops in Aachen, Augsburg, Bamberg, Berlin, Berlin Zoopreme, Bielefeld, Bocholt, Bonn, Bremen, Chemnitz, Dortmund, Dresden, Düsseldorf, Düsseldorf Outlet, Erfurt, Frankfurt, Freiburg, Hamburg, Hannover, Karlsruhe, Kassel, Köln, Leipzig, Mannheim, München, München Outlet, Münster, Münster Outlet, Mönchengladbach, Osnabrück, Regensburg, Rosenheim, Stuttgart, Wiesbaden, Wuppertal, Zweibrücken Outlet
VERSAND AM GLEICHEN TAG
BEI BESTELLUNGEN BIS 17 UHR (MO-FR)
VERSANDKOSTENFREI AB 20 €
IN DEUTSCHLAND & ÖSTERREICH
365 TAGE ZURÜCKSCHICKEN
GANZ IN RUHE ANPROBIEREN
titus.de

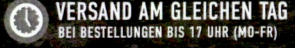

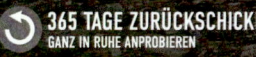

WEITERE INTERESSANTE BÜCHER ZUM THEMA

Die Experten der Firma Titus informieren über alle Themen rund um das Longboarden, vom geeigneten Material bis hin zu unterschiedlichen Techniken.
160 Seiten, 383 Bilder,
Format 170 x 210 mm
ISBN 978-3-613-50793-7
€ 19,95 / € (A) 20,60

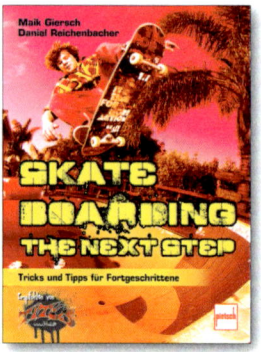

Dieses Trainingsbuch zeigt zahlreiche Tricks und Sprünge auf Ramps, Rails und in der Pipe mit detaillierten Schritt-für-Schritt-Anleitungen.
98 Seiten, 327 Bilder,
Format 225 x 300 mm
ISBN 978-3-613-50666-4
€ 24,90 / € (A) 25,60

Ob Bunny Hop, Manual oder 180° - hier wird schnell klar, warum das BMX das vielseitigste Fahrrad ist, das jemals erfunden wurde.
128 Seiten, 137 Bilder,
Format 150 x 175 mm
ISBN 978-3-613-50698-5
€ 14,95 / € (A) 15,40

Ein neues und umfassendes Technik-Konzept für alle Bereiche des Snowboardsports, von der Piste bis zum Park.
192 Seiten, 250 Bilder,
Format 170 x 240 mm
ISBN 978-3-613-50711-1
€ 24,90 / € (A) 25,60

Stand März 2017
Änderungen in Preis und Lieferfähigkeit vorbehalten.

Überall, wo es Bücher gibt, oder unter
WWW.MOTORBUCH-VERSAND.DE
Service-Hotline: 0711 / 78 99 21 51